本书的出版感谢教育部人文社科项目（No. 17YJCZH206），北京市青干个人项目（No. 2017000020124G191），北方工业大学毓优人才项目（No. 107051360018XN012/032），北方工业大学优势学科项目（No. XN019016，18XN047）的支持

管理决策模型与北京市物流问题实践

许 研◎著

知识产权出版社
全国百佳图书出版单位

图书在版编目（CIP）数据

管理决策模型与北京市物流问题实践/许研著．—北京：知识产权出版社，2018.6
（工商管理学术文库）
ISBN 978-7-5130-5643-4

Ⅰ.①管… Ⅱ.①许… Ⅲ.①物流管理—研究—北京 Ⅳ.①F259.271

中国版本图书馆 CIP 数据核字（2018）第 136841 号

内容提要

本书是一本将线性规划等数学理论应用于管理学实践的案例书籍，全书案例丰富生动，文字通俗易懂。作者将自己多年的教学实践凝练到这本书中，倾向于向读者阐明，如何将复杂的现实问题通过应用线性规划等理论建立管理决策模型，将复杂的数学理论融入有趣的现实生活中。

责任编辑：江宜玲　　　　　　　　　责任校对：潘凤越
封面设计：郭明霞　　　　　　　　　责任印制：刘译文

工商管理学术文库

管理决策模型与北京市物流问题实践

许　研◎著

出版发行：知识产权出版社有限责任公司	网　　址：http://www.ipph.cn
社　　址：北京市海淀区气象路50号院	邮　　编：100081
责编电话：010-82000860 转 8339	责编邮箱：jiangyiling@cnipr.com
发行电话：010-82000860 转 8101/8102	发行传真：010-82005070/82000893
印　　刷：三河市国英印务有限公司	经　　销：各大网上书店、新华书店及相关专业书店
开　　本：720mm×1000mm　1/16	印　　张：12.25
版　　次：2018年6月第1版	印　　次：2018年6月第1次印刷
字　　数：190千字	定　　价：48.00元
ISBN 978-7-5130-5643-4	

出版权专有　侵权必究
如有印装质量问题，本社负责调换。

自　序

在近些年的教学实践中，我发现传统教学将大量精力投入在传授解题方法上，缺少提炼并解决实际问题的训练。大部分学生熟悉数学公式，会解方程、解算式，但在实际工作中遇到经济管理问题常常束手无策。举一个我在教学过程中遇到的例子，老师给学生们布置了一道解决校园超市下课期间结账拥堵的实践题。两位学生没有考虑结账通道数、单笔交易的结账时间以及需要结账学生的购买习惯、到达频率、选购时间、购买数量等关键变量，反而研究了一整天的超市摆货布局、超市进货时间等变量。

可见，学生最大的问题是不会从实践中抽象出问题，明确问题后找不到合适的方法，有了方法后不会分析关键机制建立模型。这既有学生对理论之间的差异和联系掌握不牢的问题，也有老师在教学过程中缺少让学生进行实践训练的问题。老师教给学生的只是已经给出了关键变量取值、给出求解问题的数学题，需要学生做的也仅仅是数学运算。老师对这类模型适用的实际问题只是泛泛提及，根本不详细举例，更谈不上循循善诱地分析、提炼、辨析解决问题的前提条件了。学生哪来的机会去实践训练呢？

对于这个困境，我在近年带学生参加物流建模竞赛的过程中找到了一些出路。每次我们带领学生参加为期两个月的物流竞赛后，学生都反映竞赛对于他们的思维能力提升起到了重要作用。竞赛与学科教育的结合对学生的自主学习能力、创新能力和团队合作等进行了培训，对大学生的能力发展有很大的影响。本书将我们参加北京市大学生物流设计大赛分别获得二、三等奖的案例拆分成教学实践案例，糅合在管理决策模型的教学过程中，抽丝剥茧地帮助学生们熟悉管理实践问题，辨析问题的前提条件，学习如何提炼关键要素，建立模型。

将竞赛案例与教学过程结合的好处有很多。教学过程中要想帮助学生提升抽象问题的能力和建模意识，首先要提高教师自身的建模意识。这就要求我们老师不仅要在教学内容与教学要求上有所转变，还要求我们教师更新思想和观点。频繁地参与竞赛可以保证知识的新鲜度，并将最新的知识、方法、最新的问题灵活运用到课堂教学中，激发学生学习的动力。本书在这种认识的驱动下完成，希望将自己带领学生完成管理问题解决方案过程中的设计思路、构建模型时的一些思路整理成文字，循序渐进地带领同学们了解管理学建模的步骤、方法和规律。

最后引用一位学者的话作为结束："教育的真谛并不在于学习书本上的工商管理知识，而在于（通过案例）辨析、体会、领悟工商管理原理应用的、有着细微差异的前提。能否把握这些前提，解决问题，是高明的企业管理者与拙劣的管理者的分水岭。"

目　录

第1章　导论 1

  1.1　管理科学简介 1

    1.1.1　管理科学学派的发展历史 1

    1.1.2　管理科学概述 4

  1.2　管理科学经典案例 7

    1.2.1　鲍德西（Bawdsey）雷达站的研究 8

    1.2.2　大西洋反潜战 9

    1.2.3　英国战斗机中队援法决策 9

  1.3　本书特色 12

第2章　线性规划：基本概念 15

  2.1　线性规划的三个经典应用 18

  2.2　资源分配问题 19

  2.3　生产计划问题 21

  2.4　网络配送问题 22

  2.5　从更宽泛的视角来看线性规划 24

第3章　使用 Excel 电子表格建模 27

  3.1　案例研究 29

  3.2　利用电子表格建模过程概述 30

3.2.1 设计电子表格.. 30
3.2.2 输入公式 31
3.2.3 应用规划求解工具 31
3.2.4 求解 32
3.3 建立好的电子表格模型的几个原则 33

第 4 章 线性规划案例研究：WMS 公司的网络配送问题 37
4.1 案例背景 37
4.2 企业运营存在的问题分析 39
4.3 优化方案设计 40
4.4 WMS 公司优化模型 41
4.5 应用 Excel 求解线性规划问题 42
4.6 效益分析 45
4.6.1 正确地选择配送线路 45
4.6.2 减少劳力投入，增加配送能力 45
4.6.3 尽量发展直达运输 45
4.6.4 提高技术装载量 45

第 5 章 线性规划的 what-if 分析 47
5.1 what-if 分析对管理者的重要性 47
5.2 继续研究饲料生产计划案例 48
5.3 电子表格试验法 49
5.4 Excel 敏感性报告 51
5.4.1 敏感性报告中各项指标的含义 52
5.4.2 灵敏度分析 53
5.5 全部目标函数系数变动的情况 53

第 6 章 整数规划 55
6.1 一般整数规划 55

6.2　0-1 变量的描述方法 57
6.3　案例分析：某制造公司选址的例子 59
6.4　一些建模的例子 62
　　6.4.1　固定费用问题 62
　　6.4.2　二选一约束条件 62
　　6.4.3　工程安排问题 64
6.5　降落伞选用组合应用 65

第 7 章　运输问题和指派问题 71

7.1　运输问题的特征 71
7.2　对各种运输问题的变形进行建模 74
7.3　运输问题变形的一些其他应用 76
7.4　指派问题的特征 83
　　7.4.1　最广泛应用的解法：匈牙利算法 83
　　7.4.2　指派问题新解法——目标值子矩阵法 83
　　7.4.3　递归思想在指派问题中的运用 84
　　7.4.4　指派问题的树算法 84
7.5　对指派问题变形的建模 84

第 8 章　网络最优化问题 87

8.1　最小费用流问题 88
8.2　最小费用流问题的扩展 88
　　8.2.1　最短路问题 88
　　8.2.2　最大流问题 89
　　8.2.3　运输问题 89
　　8.2.4　指派问题（$a_i = b_j = 1, m = n$） 90
8.3　最大流问题 91
8.4　最短路问题 93

8.5 最小支撑树问题 95

第9章 仓库选址案例分析 97

9.1 北京锦绣大地物流港基本简介 97
9.1.1 区域分布 97
9.1.2 现有的仓储问题分析 98

9.2 仓库选址 99
9.2.1 立体仓库选址 99
9.2.2 中转库选址 100

9.3 立体仓库设计 100
9.3.1 仓库平面布局 100
9.3.2 仓库的设计框架 102
9.3.3 仓库运营设计 106

9.4 中转库设计 106
9.4.1 摊位分布规划 106
9.4.2 摊位中转库设计 107
9.4.3 物流港地面倒库车行道与停放区 108

9.5 仓库管理 109
9.5.1 入库管理 109
9.5.2 库内日常管理 110

9.6 仓库管理系统 112
9.6.1 系统功能及构成 112
9.6.2 出入库管理 115
9.6.3 库存管理 116

9.7 对锦绣大地物流港未来的影响 117
9.7.1 直接影响 117
9.7.2 深远影响 117

第 10 章　车载蔬菜配送案例分析 119

10.1　策划背景及动机 120
10.2　策划目标及必要性 121
10.2.1　策划目标 121
10.2.2　策划必要性 121
10.3　方案的详细说明 122
10.3.1　车载蔬菜市场的运营模式 122
10.3.2　方案设计 123
10.4　车载蔬菜市场的营销推广 135
10.4.1　场所布置 135
10.4.2　时间安排 137
10.5　总结 138

附录：石景山区社区居委会基本情况表 140

第 11 章　拥堵期间出租车动态定价案例分析 145

11.1　方案设计背景 145
11.1.1　动态定价实施的必要性 146
11.1.2　打车软件发展过程 146
11.1.3　动态定价搭载互联网平台共同发展现状 148
11.2　解决方案概述 149
11.2.1　方案的提出 149
11.2.2　方案的目标 151
11.3　现有动态定价机制的设计 153
11.3.1　针对拥堵消耗时间设计的三种定价机制 153
11.3.2　通过价格手段调节供需平衡的动态定价机制 155
11.3.3　打车软件的司机指派方式 156
11.4　动态变价方案可行性分析及最优方案选择 157

		11.4.1 方案介绍 157
		11.4.2 拥堵时间分布 160
		11.4.3 司机时间成本的分布 164
		11.4.4 消费者时间价值的分布 167
		11.4.5 仿真模型介绍 171
		11.4.6 仿真结果分析 175
		11.4.7 最优方案选择 181
	11.5 结论 181
		11.5.1 优点与创新点 181
		11.5.2 局限性 182
		11.5.3 进一步研究方向 182

参考文献 183

第1章 导论

1.1 管理科学简介

管理科学是研究管理理论、方法和管理实践活动的一般规律的科学。现代管理理论是以"系统理论""决策理论""管理科学理论"等学派为代表，其特点是以系统论、信息论、控制论为其理论基础，应用数学模型和电子计算机手段来研究解决各种管理问题。管理科学有广义和狭义之分，马庆国等学者认为：广义的管理科学（Management Sciences）指管理学及其研究对象、研究历史、研究内容和研究方法等；狭义的管理科学则指管理丛林时代的管理科学学派，又称数学规划或数理学派。本书的内容基本围绕着管理科学学派的基础理论展开，以数理模型为研究方法，以各种计算机统计软件及仿真软件为计算手段，展开一段管理问题模型分析、科学决策的学习之旅。

1.1.1 管理科学学派的发展历史

自有人类社会以来就有了管理。管理学的发展，随着人类社会由农业社会、前工业社会、工业社会向后工业社会的演进，也经历了萌芽—发展—完善的阶段。管理活动虽然从原始社会开始，但由于当时人们的抽象思维能力很差，知识贫乏，管理科学的思想不成体系，成熟的管理思想直到20世纪才形成。管理学的发展脉络，大致可以划分为以下四个阶段：科学管理理论阶段、人际关系理论阶段、管理丛林理论阶段（管理科学学派）、文化管理理论阶段。

管理科学的初创阶段，始于19世纪末至20世纪初。美国工程师弗雷德里克·温斯洛·泰勒创造出标准劳动方法和劳动定额，被称为"泰勒制"，并于1911年发表了他的代表作《科学管理原理》，他也因此被誉为"科学管理之父"❶。与"科学管理理论"同期问世的还有泰勒提出的标准化原理、工作定额原理、计件工资、职能工长制等提高管理效率的理论；法约尔提出了5项职能，14条管理原则；埃默森提出了12条效率原则等。其中，泰勒的科学管理理论最为系统，影响最为深远的有法约尔的管理过程理论和韦伯的行政组织理论。这三种理论被统称为"古典管理理论"。这一时期的管理思想比起经验管理来说，大有发展，其对管理的主要过程、职能、技能的论述对现在的管理科学发展仍有指导意义。但古典管理理论只强调了管理中经济因素的作用，只注意一味地追求效率会背离人性，使人性在效率的追逐下被扭曲。古典管理理论的继承者和实践者在继承、传播和实践科学管理时，仅仅把科学管理当成了一个效率工具，轻视思想、教育等人的作用，从而对效率产生了不利影响。

　　管理学的第二个里程碑是"行为科学理论"。它产生于21世纪20年代，创始人是美国哈佛大学教授乔治·奥尔顿·梅奥和费里茨·罗特利斯伯格等。后来，行为科学在其发展过程中，又形成一些新的理论分支。行为科学理论主要有以下观点。①工人是社会人，而不是经济人。科学管理学派认为金钱是刺激人们工作积极性的唯一动力，把人看作经济人。梅奥认为，工人是社会人，除了物质需求外，还有社会、心理等方面的需求，因此不能忽视社会和心理因素对工人工作积极性的影响。②梅奥认为提高生产率的主要途径是提高工人的满足度，即工人对社会因素，特别是人际关系的满足程度。如果满足度高，工作的积极性、主动性和协作精神就高，生产率就高。企业成员在共同工作的过程中，相互间必然产生共同的感情、态度和倾向，形成共同的行为准则和惯例。企业中的非正式组织以它独特的感情、规范和倾

---

❶ 泰勒出生于美国一个律师家庭，虽考上了哈佛大学法律系，却由于眼疾而辍学回家。后来他进入一家机械厂当学徒工，1884年升任总工程师。后来，他成为管理顾问，晚年到哈佛大学讲学，曾担任美国机械工程师协会主席。

向，左右着其成员的行为。非正式组织与正式组织相互依存，对生产率有重大影响。

"科学管理之父"泰勒认为管理部门的主要任务是制定工作方法和工作标准，激励工人增加产量。泰勒的科学管理内容体现在工时定额原理、标准化原理、职能化原理、差别计件工资制、组织机构上的管理控制原理、主张管理者和工人间要相互协作等方面，但没有形成系统的管理理论。

泰勒在《科学管理原理》中有一段描述：
"施密特，你是一个有价值的人吗？"
"什么，我不懂你在说什么？"
"不，你懂。我们想知道，你是不是一个有价值的人？"
"不，我仍然不懂你是什么意思？"
"噢，好吧，你来回答我的问题。我想知道你是一个有价值的人呢，还是这里没什么价值的伙计中的一员。具体点儿说，我想知道你是想一天挣1.85美元呢，还是像那些没什么价值的伙计一样一天只挣1.15美元。"
"我想一天挣1.85美元，我想成为一个有价值的人。"

泰勒通过变换各种工作要素，以便观察这些工作要素对施密特日劳动量的影响。如：在某几天里，施密特要弯下膝盖来搬运生铁，腰必须是直的；在另外某几天里，施密特要伸直膝盖来搬运生铁，腰必须是弯的。

泰勒还实验了施密特行走速度、握持位置以及其他变量对搬运效率的影响。

实验结果：

工人每日工作定额：原12.5吨——现48吨；

工人每日工资：原1.15美元——现1.85美元。❶

管理学的第三个里程碑是"现代管理理论"。现代管理理论是对第二次世界大战后出现的各种管理理论的总称，其中影响较大的是系统学派和管理科学学派。系统学派的代表人物是美国人巴纳德，这个学派注意用系统的观点分析和管理企业，提高了企业的效率。管理科学学派认为，管理是制定和运用数学模式及程序的系统，以计算机为工具，用科学的方法、关键线路以

---

❶ 弗雷德里克·温斯洛·泰勒．管理科学第一书：科学管理原理[M]．北京：中国经济出版社，2013．

及质量控制来提高管理效率。

第二次世界大战以后，科技与生产迅速增长，企业规模越来越大，国际化进程加速，这一切都给管理工作提出了许多新问题，引起了人们对管理的普遍重视。除管理工作者和管理学家外，其他领域的一些专家，如社会学家、经济学家、生物学家、数学家等纷纷加入了研究管理的队伍，他们从不同角度、用不同方法来研究管理理论，出现了研究管理理论的各种学派，呈现出"百花齐放、百家争鸣"的繁荣景象。

1961年，美国管理学家哈罗德·孔茨发表了《管理理论的丛林》一文，这标志着管理理论进入丛林时代。在繁茂的管理理论或学派的丛林里，管理科学学派（或称数理管理学派）大概是较受瞩目的一个分支，因为它在管理中较多地运用了数学工具。将数学尤其是数学规划大量引入管理领域，这正是管理科学学派的显著特征，因而这一学派又被称为数量学派，并在很多场合被看作数学规划的同义语。

管理科学学派认为，管理就是把科学的原理、方法和工具应用于管理的各种活动，制定用于管理决策的数学和统计模型，并进行求解，以降低管理的不确定性，使投入的资源发挥最大的作用，得到最大的经济效果。在该学派的代表人物之一埃尔伍德·斯潘赛·伯法所著的《现代生产管理》（1975）一书里，可以看到大量的图表和数学公式。正是这些科学的计量方法，使得管理问题的研究由定性走向定量。

1.1.2 管理科学概述

管理科学是以"系统理论""决策理论""管理科学理论"等学派为代表，以系统论、信息论、控制论为理论基础，应用数学模型，对人力、设备、材料、资金等进行系统和定量的分析，使用电子计算机来研究解决问题，以做出最优化规划和安排的管理理论和方法。

管理科学解决问题的一般步骤为：①对实际系统进行分析，建立数学模型。第一步需要学生们具有明确问题，将实际问题进行抽象，并用数学语言描述构建模型，确定合适的变量和解题方法的能力。②采用合适的算法进行模型求解。此步骤要求学生们具有熟悉算法，灵活运用计算机工具的能力。③根据模型求解结果进行分析，并对应解释实际系统，提出解决方案。此步骤要求学生们具有根据数学模型的运行结果解释实际系统和指导实际的能力。

1.1.2.1 建立模型

管理科学的一个重要特点就是利用模型。即把一个已确定研究范围的现实问题，按提出的预期目标和约束条件，将其主要因素和因果关系转变为各种符号表示的模型，以便求解模型符合现实性、简洁性和适应性的要求。这一模型能为决策者提供假定各种解决方案的结果，同时尽量采用各种数学语言和数学工具使问题得到定量的精确表述，以便管理者对问题进行定量分析。

1.1.2.2 计算机辅助求解

科学的决策基于一个暗含的前提，即组织、决策的人均是"理性人"（或"经济人"）。管理科学学派认为组织是由"理性人"组成的一个追求经济利益的系统，组织的成员不仅有明确的利益目标，还用理性的方法来实现最优的目标。随着社会的发展变化，管理问题也变得复杂多样，管理科学用以解决问题的数学模型也更趋复杂，计算机的强大运算功能和处理能力，为管理科学的进一步发展提供了保障。

1.1.2.3 科学决策

正确的决策必须从整个系统出发，考虑到各个部门和各个因素。如果决策只对系统（组织）中的某一部门有利，而对其他部门和整个组织来讲是不利的，则达不到管理科学所要求的"最优化"效果，而仅是局部优化。

与其他管理理论不同，管理科学解决的问题通常不是管理艺术问题。艺术的特点之一，是不可重复性，这也是著名的艺术作品会价值连城的原因。尽管赝品可以做得很像，但毕竟是可以识别的。管理科学理论是科学。科学的特点之一，就是在同等条件下的可重复性。管理科学的特点之一，就是条件的复杂性（条件的数量多）和条件的细微差别性。所以应用管理科学方法解决管理问题时把握应用管理科学的条件的细微差别，是正确应用管理科学的灵魂。

布莱克特、丹齐克、丘奇曼、拉塞尔·阿考夫、贝尔曼、伯法等科学家为管理科学理论的形成奠定了基础。

丹齐克是美国数学家，美国全国科学院院士，线性规划的奠基人。1914年11月8日，他生于美国俄勒冈州波特兰市，1946年在加利福尼亚大学数学系获哲学博士学位。1974年，丹齐克在总结前人工作的基础上创立了线性规划，确定了这一学科的范围，并提出了解决线性规划问题的单纯形法。1941—1952年，任美国空军司令部数学顾问、战斗分析部和统计管理部主任。1952—1960年，任美国兰德公司数学研究员。1960—1966年，任加利福尼亚大学教授和数学规划中心主任。1971年，当选为美国全国科学院院士。1975年，获美国科学奖章和诺伊曼理论奖金。丹齐克是美国数学规划学会和国际数学规划联合会（IFORS）的主席和美国数学规划学会的创始人。他发表过100多篇关于数学规划及其应用方面的论文，1963年出版专著《线性规划及其范围》，这本著作至今仍是线性规划方面的标准参考书。

丘奇曼与阿可夫被看作临界系统方法的主要创建者。丘奇曼认为，如果还未考虑持有存货之外的所有可想到的替代方案，就不应去设计一种最优（效率和效用兼备）的存货政策。被错过的最佳机会代表了持有存货的机会成本。如果不知道机会成本有多大，该怎么判断一种存货政策是否合理？在技巧之外，我们还需考虑在更大系统中组织拥有的各种机会。不了解总体相关系统，就无法做出改进工作的理性设计。

贝尔曼方程（Bellman Equation）也被称作动态规划方程（Dynamic Programming Equation），由理查德·贝尔曼发现。理查德·贝尔曼（Richard Bellman，1920—1984），美国数学家，美国国家科学院院士，动态规划的创始人。因在"决策过程和控制系统理论方面的贡献，特别是动态规划的发明和应用"，他在1979年被授予电气电子工程师协会奖。贝尔曼方程是动态规划（Dynamic Programming）这些数学最佳化方法达到最佳化的必要条件。此方程把"决策问题在特定时间的值"以"从初始选择衍生的决策问题的值"的形式表示。借此方式把动态最佳化问题变成一系列子问题，而这些子问题遵从贝尔曼所提出来的"最佳化原理"，即贝尔曼方程。

伯法认为，运用数理方法的关键不在算法，而在建模。也就是说，不是要让经理一头扎进数字堆，更不是让经理都变成方程高手，而是要让经理恰当把握数量之间的关系，具备系统眼光。伯法建立的体系，被人称为生产管理理论，这一理论立足于工商业的实践。任何企业要生存并发展壮大，最基本的活动就是提高生产效率。而要提高效率，就需要优化资源配置，合理利用资源，恰当安排生产，由此构成企业的生产系统。在任何一个生产系统中，成功的管理不外乎依赖三个方面：①计划，即对生产活动进行整体设计；②信息，即对企业的实际运行有充分了解；③决策，即根据各种变化做出相关反应（包括对需求、库存、进度、质量、产品、设备等方面的反应）。随着科技的发展，生产管理已经成为不断发展的应用科学。伯法认为，随着计算机的发展与普及，实现对生产过程的数控，建立"人机交互模式"的生产管理方式已经成为可能。管理学中应用的数理方法，都在伯法这里展开了探讨。

相对于西方管理科学发展中经历的曲折过程，中国的管理科学发展时间相对较短，主要是吸收和借鉴西方理论。20世纪50年代初，一批从西方国家回国的具有系统工程、数学、数学规划等自然科学、工程科学专业背景的科学家，钱学森、华罗庚、许国志、刘源张院士等高瞻远瞩，认识到管理科学对国家发展的重要性，利用当时自然科学比之社会科学相对宽松的社会环境，积极开创了我国管理科学的理论研究与实践活动。钱老运用系统工程的科学方法，推动"两弹一星"等大型工程的项目管理与科技管理。华老运用统筹法、优选法推进企业生产管理，即使在"文化大革命"的逆境与十分困难的条件下，他仍然带着小分队到企业去，抓科学管理，抓产品质量，并取得成功。中国管理科学结合中国深厚的传统文化和在快速工业化过程中的丰富实践，进行大的转型和创新发展。

1.2 管理科学经典案例

第二次世界大战期间，数学和物理学在英美国防部门显示出巨大的影响力。到20世纪40年代后期，由于战后恢复和经济建设的需要，英美对管理科学的研究逐步从军事应用转向民用，并成立了各种组织从事管理运筹科学的研究和推广。1953年，美国成立管理科学学会并发行《管理科学》杂志，宣称其宗旨就是"发现、发展和统一有助于了解管理实践的科学知识"。以下是管理科学在第二次世界大战期间的经典案例。

1.2.1 鲍德西（Bawdsey）雷达站的研究

1935年，英国科学家沃森·瓦特（R. Watson Wart）发明了雷达。丘吉尔敏锐地意识到它的重要意义，并下令在英国东海岸的鲍德西建立了一个秘密的雷达站。当时，德国已拥有一支强大的空军，起飞17分钟即可到达英国。在如此短的时间内，如何预警及做好拦截，甚至在本土之外或海上拦截德机，就成为一大难题。雷达技术帮助了英国，在当时的演习中已经可以探测到160公里之外的飞机，但空防中仍有许多漏洞。1939年，由曼彻斯特大学物理学家、英国战斗机司令部科学顾问、战后获诺贝尔奖的布莱克特（P.M.S. Blackett）为首，组织了一个小组，代号为"Blackett马戏团"，专门就改进空防系统进行研究。这个小组包括三名心理学家、两名数学家、两名应用数学家、一名天文物理学家、一名普通物理学家、一名海军军官、一名陆军军官及一名测量人员。研究的问题是：将雷达信息传送给指挥系统及武器系统的最佳方式；雷达与防空武器的最佳配置；探测、信息传递、作战指挥、战斗机与防空火力的协调。研究成果大大提高了英国本土防空能力，在之后不久对抗德国对英伦三岛的狂轰滥炸中，发挥了极大的作用。第二次世界大战史专家评论说，如果没有这项技术及研究，英国就不可能赢得这场战争，甚至在一开始就会被击败。

"Blackett马戏团"是世界上第一个数学规划小组。他们在就此项研究所写的秘密报告中，使用了"Operational Research"一词，意指"作战研究"或"运用研究"，即我们所说的数学规划。鲍德西雷达站的研究是数学规划的发祥与典范。项目的巨大实际价值、明确的目标、整体化的思想、数量化的分析、多学科的协同、最优化的结果以及简明朴素的表述，都展示了数学规划的本色与特色，使人难以忘怀。

1941年12月，布莱克特以其巨大的声望，应盟国政府的要求，写了一份题为"Scientists at the Operational Level"（作战位置上的科学家）的简短备忘录，建议在各大指挥部建立数学规划小组。这个建议迅速被采纳。据不完全统计，第二次世界大战期间，仅在英国、美国和加拿大，参加数学规划工作的科学家就超过700名。

1.2.2　大西洋反潜战

美国投入第二次世界大战后，吸收了大量科学家协助作战指挥。1942年，美国大西洋舰队反潜战官员贝克（W. D. Baker）舰长请求成立反潜战运筹组，麻省理工学院的物理学家摩尔斯（P. W. Morse）被请来担任计划与监督。

摩尔斯最出色的工作之一，是协助英国打破了德国对英吉利海峡的海上封锁。1941—1942年，德国潜艇严密封锁了英吉利海峡，企图切断英国的"生命线"。英国海军数次反封锁，均不成功。应英国的要求，美国派摩尔斯率领一个小组去协助。摩尔斯小组经过多方实地调查，最后提出了两条重要建议：①将反潜攻击由反潜舰艇投掷水雷，改为飞机投掷深水炸弹。起爆深度由100米左右改为25米左右，即当德方潜艇刚下潜时攻击效果最佳；②运送物资的船队及护航舰艇编队，由小规模多批次改为加大规模、减少批次，这样损失率将减少。

丘吉尔采纳了摩尔斯的建议，最终成功地打破了德国的封锁，并重创了德国潜艇舰队。由于这项工作，摩尔斯同时获得了英国及美国战时的最高勋章。

1.2.3　英国战斗机中队援法决策

第二次世界大战开始后不久，德国军队突破了法国的马其诺防线，法军节节败退。英国为了对抗德国，派遣了十几个战斗机中队，在法国国土上空与德国空军作战，且指挥、维护均在法国进行。由于战斗损失，法国总理要求增援10个中队。已出任英国首相的丘吉尔决定同意这个请求。

英国运筹人员得悉此事后，进行了一项快速研究，其结果表明：在当时的环境下，当损失率、补充率为现行水平时，仅再进行两周左右，英国的援法战斗机就将一架也不存在了。这些数学规划家以简明的图表、明确的分析结果说服了丘吉尔。丘吉尔最终决定：不仅不再增换新的战斗机中队，而且还将在法的英国战机大部分撤回英国本土，以本土为基地，继续对抗德国。局面由此有了大的改观。

在第二次世界大战中，定量化、系统化的方法迅速发展，且很有特点。由上面几个例子可以看出这一时期军事运筹的特点：①真实的实际数据；②多学科密切协作；③解决方法渗透着物理学思想。1943年5月，布莱克特写了《关于数学规划方法论某些方面的说明》。他写道："数学规划的一个明显特性，正如目前所实践的那样，是它具有或应该有强烈的实际性质。它的目的是帮助找出一些方法，以改进正在进行中的或计划在未来进行的作战的效率。为了达到这一目的，要研究过去的作战来明确事实，要得出一些理论来解释事实，最后，利用这些事实和理论对未来的作战做出预测。"这些早期思想至今仍然有效。

随着科学技术和生产的发展，数学规划已渗入很多领域里，发挥了越来越重要的作用。数学规划本身也在不断发展，现在已经是一个包括好几个分支的数学部门了。比如：数学规划（又包含线性规划、非线性规划、整数规划、组合规划等）、图论、网络流、决策分析、排队论、可靠性数学理论、库存论、对策论、搜索论、模拟等，由这些分支构成了一个完整的数学规划理论体系。

数学规划在管理领域的应用涉及以下八个方面。

（1）市场销售：主要应用在广告预算和媒介的选择、竞争性定价、新产品开发、销售计划的制定等方面。如美国杜邦公司在20世纪50年代起就非常重视将数学规划用于研究如何做好广告工作，产品定价和新产品的引入。还有通用电力公司利用数学规划的方法对某些市场进行模拟研究。

（2）生产计划：主要用于总体确定生产、存储和劳动力的配合等计划，以适应波动的需求计划，节省10%的生产费用。还可以用于生产作业计划、日程表的编辑等。此外，还有在合力下料、配料问题、物料管理等方面的广泛应用。

（3）库存管理：主要应用于多种物资库存量，确定某些设备的能力或容量，如停车场的大小、新增发电设备的容量大小、电子计算机的内存量、合理的水库容量等。美国某机器制造公司应用库存论后，节省了18%的费用。目前国外新动向是将库存理论与计算机的物资管理系统相结合。如美国西电公司，从1971年起用五年时间建立了"西电物资管理系统"，使公司节省了大量物资存储费用和运费，而且减少了管理人员。

（4）运输问题：这涉及空运、水运、公路运输、铁路运输、管道运输、场内运输。空运问题涉及飞行航班和飞行机组人员服务时间安排等。为此在国际数学规划协会中设有航空组，专门研究空运中的数学规划问题。水运有船舶航运计划、港口装卸设备的配置和船到港口后的运行安排。公路运输除了汽车调度计划外，还有公路网的设计和分析，市内公共汽车路线的选择和行车时刻表的安排，出租汽车的调度和停车场的设立。铁路运输、管道运输、场内运输在数学规划这方面的应用就更多了，不胜枚举。

（5）财政和会计：这里涉及预算、贷款、成本分析、定价、投资、证券管理、现金管理等。用得较多的方法是统计分析、数学规划、决策分析。此外还有盈亏分析法、价值分析法等。

（6）人事管理：这里涉及六个方面，第一是人员的获得和需求估计；第二是人才的开发，即进行教育和训练；第三是人员的分配，主要是各种指派问题；第四是各类问题的合理利用问题；第五是人才的评价，其中有如何测定一个人对组织、社会的贡献；第六是工资和津贴的确定等。

（7）城市管理：这里有各种紧急服务系统的设计和运用，如救火站、救护车、警车等分布点的设立。美国曾用排队论方法来确定纽约市紧急电话站的值班人数。加拿大曾研究一城市的警车的配置和负责范围，出事故后警车应走的路线等。此外有城市垃圾的清扫、搬运和处理；城市供水和污水处理系统的规划，等等。

（8）计算机和信息系统：可将作业研究应用于计算机的主存储器配置，研究等候理论在不同排队规则下对磁盘、磁鼓和光盘工作性能的影响。有人利用整数规划寻找满足一组需求档案的寻找次序，利用图论、数学规划等方法研究计算机信息系统的自动设计。

1.3　本书特色

北京市大学生物流设计大赛是北京市最大规模的基础性学科竞赛之一，吸引了北京地区的985、211以及市属院校的参加。竞赛目的是实现物流教学与实践相结合，提高大学生的实际动手能力、策划能力、协调组织能力，吸引、鼓励广大学生踊跃参加课外科技活动，为北京市高校搭建广泛的管理专业教学改革及学术交流的平台。这一竞赛有助于大学生培养创新意识和创造能力；有助于大学生训练快速获取信息和资料的能力；有助于大学生锻炼快速了解和掌握新知识的技能；有助于大学生培养团队合作意识和团队合作精神；更重要的是有助于大学生训练逻辑思维和开放性思考方式等。每次大赛的主题都是紧贴北京地区民生的最迫切待解决的物流难题。本书将我们参加北京市大学生物流设计大赛分别获得二、三等奖的案例拆分成教学实践案例，糅合在管理决策模型的教学过程中，抽丝剥茧地帮助同学们熟悉管理实践问题，辨析问题的前提条件，学习如何提炼关键要素，建立模型。

本书对管理专业大学生思维培养的益处有以下四个方面。

（1）有助于大学生的数学创新精神的培养。学生竞赛的选题是以生活或者专业领域中的实际问题为中心，让学生发现专业知识对于现实生活的用处。物流问题建模竞赛能够引起学生对于学习管理学的兴趣，从而引发学生对于管理学的好奇心，进而引导学生运用专业知识解决实际问题。这样，大学生在解决问题的过程中，形成一种自觉结合专业知识与数理方法解决实际问题的意识，这就是大学生在管理科学上的创新精神。

（2）有助于大学生洞察力与抽象思维能力的培养。实际生活中，问题的形成不是由一个单纯的因素导致的，而是多方面的。管理决策建模就是要求学生根据具体的实际情况，利用自己的数理素养和专业知识进行综合分析，抓住问题的关键点，分析问题的主次条件、因素等。同时，寻找其中的规律，将实际问题简单化来解决问题。这是对学生洞察力、创造能力、想象能力和抽象思维能力的综合锻炼。

（3）有助于大学生自学能力与创新能力的培养。针对不同的问题要进行具体分析，不同的人有不同的分析角度，这就是问题解决的多样化。在解决问题的过程中，学生要通过各种各样的途径对问题的相关知识进行搜集并整理，如实地调研、在互联网和图书馆搜集资料等。这类问题如果靠双手计算，过程很烦琐、很费时，如果能用计算机软件解决问题，那么学生可以花更多的时间进行多方位的思考，寻找不同的解题方法，这既锻炼了学生的自学能力，又培养了学生的创新能力。

（4）有助于大学生团队合作精神的培养。一个人的思维能力是有限的，能考虑到的方面也是不全面的，而管理问题建模要求学生进行小组交流讨论。当遇到实际问题时，学生们聚集到一起把自己对于这个问题的看法或观点大胆地表述出来，集思广益，最终找到一个解决问题的好办法。不管是资料搜集还是对问题发表看法，都能够很好地培养大学生之间的团队合作精神。

本书对目前管理学专业教学的益处有以下两个方面。

（1）改善课堂教学气氛不活跃，教学方法单一的现状。在大学的数学课堂中，目前的管理科学教学基本还是采用"注入式"教学，教师运用多媒体工具将所要学习的解题方式呈现出来。只是锻炼数学运算能力，课堂气氛不活跃，无法培养学生的创新能力。将管理学学科竞赛的内容与大学生管理科学课堂教学相结合，能够极大地提高学生的积极性，增强课题的活跃气氛。

（2）有利于教师提高自身能力和知识的累积。教学过程中要想构建学生抽象问题和建模的意识，首先要提高教师自身的建模意识，这就要求我们老师不仅要在教学内容与教学要求上有所转变，还要求我们的思想和观点有所更新。频繁地参与竞赛可以保证知识的新鲜度，并将最新的知识与方法、最新的问题灵活运用到课堂教学中，激发学生学习的动力。

第 2 章 线性规划：基本概念

线性规划是管理决策理论研究较早、发展较快、应用广泛、方法较成熟的一个重要分支，它是一种辅助人们进行科学管理的数学方法。随着电子计算机的日益普及，线性规划对经济理论研究、企业管理科学及系统工程学所起的作用越来越大。据国外文献报道，在电子计算机日常运行的时间中，约有25%~50%是在进行线性规划的计算。它在理论上，尤其在应用上占有十分重要的地位。

1939年，苏联学者康托洛维奇（Kantorovich）发表了重要著作《生产组织与计划中的数学方法》，针对生产的组织、分配、上料等一系列问题，提出了一种极值问题。这种问题不能用数学分析的方法解决，是一类新问题，他还提出了解乘数法的新方法。可惜这个工作当时未引起足够的重视。但他却继续工作，一方面在计算方法及经济意义上深入研究，一方面深化应用问题。直到20世纪50年代末期，苏联才开始重视他的工作，1960年他的著作《最佳资源利用的经济计算》出版，为此他获得了经济学的诺贝尔奖。

真正奠定线性规划完整的概念、理论和算法的人，是丹齐克（Dantzig）。一些军官向他提出，能否找到一种方法，可以较快地计算包括分时、分阶段的进度、训练以及后勤供应的规划。丹齐克举了一个例子来说明这个规划问题的复杂性。例如，考虑一个分配70个人做70项工作的问题，一个"活动"是指安排第i个人做第j项工作。问题的要求是：①每个人必须有事做，即要分配70个人的工作；②每件工作必须有人干，也就是说有70件工作要做。一个活动可以被赋予两个不同的状态值：取值为1时，表示采用这种活动方式；取值为0即是不采用。这样，总共有2×70即140个约束条件，而总的活动数为70×70即4900个。也就是说，共有4900个可以取值为0或1的决策变量。这样一来就有70！个可能的方式来组成分配方案。问题就变成逐个地比较这些不同的方案，并根据某些准则来选取最好的。然而70！是个很大的数字。假设我们的祖先在150亿年前天地初开时就有一台IBM 370-168型计算机，即使这台机器在一秒钟内能考查10亿个分配方案，从那时起就开始计算，能否比较完这70！个不同方案呢？回答是否定的。

在逐步完善了线性规划问题之后，丹齐克写下了这样的一段话："这个简单的例子说明，为什么直到1947年，甚至于在今天的大多数情况下人们的愿望和行动之间仍是存在巨大的鸿沟。人们可能期望借助于建立一个目标，然后寻求这个目标的极值，依此来表述它们的要求。但实现这个目标有那么多种不同的途径，它们各有利弊，以致无法去比较这些途径以选择出其中最好的一个结果，他们转而求助于上司，指望上级的'经验'和'成熟的判断力'会指出一条道路。而那些负责的人们，也往往喜欢让搞规划设计的人去执行他们所发布的一连串经验原则和命令。这就是1946年年底以前的情形。我当时也建立过一个模型，它令人满意地描述了通常在实践中出现的技术关系。其中取代明确的目标或目标函数的是一大堆由权威人士提出的特定的经验原则，借助于这些原则来做出选择。要是没有这些经验原则对选择范围的限制，那么在大多数情况下，能供选择的可行解的数目将是一个'天文数字'。"这就是线性规划推动了管理学从经验的海洋到理性的解析公式的真实过程。它也回答了为什么我们可以称管理学为一门科学的原因。

里昂惕夫（Leontief）和瓦西里（Wassily）在1932年提出一个简单的矩阵结构，即美国经济部门间的投入—产出模型，这一工作给了丹齐克启发。这个模型在概念上很简单，且能十分具体地实现，故在实际计划时是很有用的。但里昂惕夫的模型是稳态的，而实际所需要的模型却是一个高度动态的，即随时间而变化的模型。1947年中期，丹齐克决定把问题的目标明确建立起来。丹齐克把计划问题归纳成一组公理，这些公理涉及二类集合间的关系：第一类集合是由被生产的或要消费的项目组成；第二类集合是指生产过程或活动。其中的项目可以按固定的比率被输入或输出，而这些比率是相互间的非负乘子。于是需要解决的问题是：在一组线性方程式或线性不等式的约束下，求某一线性形式的极小值。

用线性函数作为所求极值的目标函数在当时还是一件新鲜事。为了讨论一系列线性函数的解是否存在的问题，丹齐克到芝加哥大学Cowles基金会拜访了科普曼斯（T.C. Koopmans），看看能否从数理经济学家那里找到点办法。科普曼斯非常激动，他在第二次世界大战期间曾在盟国船运委员会从事过运输模型的研究，所以不论在理论方面还是实际经验方面，他都很容易理解丹齐克所提出的建议，并立即看出它在经济规划上的广泛意义。从那时起，科普曼斯积极地呼吁年轻的经济学家关注线性规划模型的潜在作用。这些年轻人包括阿罗（K. Arrow）、萨缪尔森（P. Samuelson）、西蒙（H. Simon）、多尔夫曼（R. Dorfman）等，他们因经济学上的研究成果曾数次获得诺贝尔奖。

鉴于经济学家们在当时还没有现成的办法，丹齐克和数理统计学家瑞尼曼（Jerry Neyman）的论文中采用了特殊的几何空间形式，讨论一个一般线性规划的Lagrange乘子（或对偶变量）的存在性，这个线性规划的实变量介于0和1之间，必须满足的线性约束是用Lebesgue积分来表达的，而所求极值的目标函数也是线性的。基于此论文，丹齐克认为单纯形法将是解线性规划的一种十分有效的方法。后来瑞尼曼也给出了一个迭代的算法，但不如单纯形法有效。总之，战争时期在实际需要的促动下，数学家和经济学家对实际问题的研究，使得21世纪计算方法中诞生了线性规划。

一个关于线性规划诞生的故事❶

丹齐克把线性规划中对偶理论的成果归结于冯·诺依曼（von Neumann），但是冯·诺依曼在这方面并没有什么文章。

1947年10月3日，丹齐克决定去请教冯·诺依曼这位当时世界上公认的大数学家，看看他对这种解法有什么建议。

丹齐克第一次到普林斯顿的高等研究院拜访了冯·诺依曼。他以对一般人作介绍的方式，用活动、项目等术语来建立线性规划的模型，试图向冯·诺

---

❶ G.B.Dantzig, 章祥荪, 杜链. 回顾线性规划的起源[J]. 运筹学学报, 1984 (1): 73-80.

依曼描述那个空军中的问题。冯·诺依曼显得有些急不可待,"讲关键的地方!"他不耐烦地说。不到一分钟,丹齐克一口气把问题的几何背景和代数形式都写到了黑板上。冯·诺依曼站了起来,说:"哦!是那样的!"

看到丹齐克坐在那里惊奇得瞪着眼、张大着嘴(丹齐克曾找遍了文献,也没有发现任何这方面的资料),冯·诺依曼说:"你不要以为我会像魔术师一样不加思索地从袖子里变出一些东西来。不久以前,我刚刚和摩根斯顿(Oscar Morgenstern)一起完成了一本关于对策论的书籍。我刚才所讲的是推测这两类问题是等价的。从你提的问题中所概括出的理论类似于我们在对策论中所得到的理论。"这样,丹齐克第一次从冯·诺依曼那里听到对偶理论。冯·诺依曼答应进一步考虑丹齐克提出的问题,之后他的回信建议用一种迭代方法来解线性规划。这种方法在1952年曾被霍夫曼(Alan Hoffman)和他的小组在(美国)国家标准局里试用过,并同单纯形法以及Motkzin的方法做了比较,结果表明单纯形法最为有效。

此后,线性规划的应用几乎渗透到各个方面。在美国和欧洲等先进国家,线性规划已应用在医疗、运输、军事、能源、证券交易、城市服务、水资源管理等行业,并广泛应用在市场、计划开发、生产计划、生产管理、流通库存、设备、安全、经营财务、人事组织、交通运输、资源、环境、政策行政、土地利用等方面。正因为它有广泛的应用,使得当今电子计算机相当一部分运算,是在做线性规划的计算。大量的商用软件包应运而生,使计算机处理上千个变量和约束条件的线性规划问题。

2.1 线性规划的三个经典应用

线性规划对管理学的意义在于三个方面。

(1)提出了实际规划中的大多数关系可以用线性不等式来表达。

(2)用明确的目标函数(例如线性目标形式),而不是仅用一些经验原则来表达对好的或者最优方案的选择准则。所谓经验原则充其量不过是实现目标的手段,而不是目标的本身。

(3)创造了单纯形法,它是人们对大规模复杂系统做出实际计划的基本工具。

认识线性规划的无穷威力不是件容易的事情，下面我们就举几个例子让大家领略一下线性规划在资源分配问题、生产计划问题（配料问题）、网络配送问题的解决过程中发挥的作用。

2.2 资源分配问题

线性规划是研究线性约束条件下线性目标函数的极值问题的数学理论和方法。它是数学规划的一个重要分支，广泛应用于军事作战、经济分析、经营管理和工程技术等方面，为合理地利用有限的人力、物力、财力等资源做出的最优决策，提供科学的依据。一般地，求线性目标函数在线性约束条件下的最大值或最小值的问题，被统称为线性规划问题。满足线性约束条件的解叫作可行解，由所有可行解组成的集合叫作可行域。决策变量、约束条件、目标函数是线性规划的三要素。

解题步骤分为三部分：

（1）列出约束条件及目标函数。

（2）画出约束条件所表示的可行域。

（3）在可行域内求目标函数的最优解及最优值。

下面是一个有关人力资源分配的问题。某航站楼每天各时间段需要服务的地勤和柜台服务人员数如表2-1所示，设服务人员分别在各时间段一开始时上班，并连续工作八小时。问该航站楼每天应怎样安排人员，才能既满足工作需要，又配备最少人数？

表 2-1 人力资源分配表

班次	时间段	人数
1	6：00—10：00	120
2	10：00—14：00	140
3	14：00—18：00	120
4	18：00—22：00	100
5	22：00—2：00	40
6	2：00—6：00	60

根据该题目所描述的问题设定目标函数应该为人数最少，这样我们建立如下的数学模型。

目标函数：$\min(z) = x_1 + x_2 + x_3 + x_4 + x_5 + x_6$

式中：x_i 表示第 i 班次时开始上班的地勤和柜台服务人员数。

约束条件可以表示为：

$$\begin{cases} x_1 + x_6 \geqslant 120 \\ x_1 + x_2 \geqslant 140 \\ x_2 + x_3 \geqslant 120 \\ x_3 + x_4 \geqslant 100 \\ x_4 + x_5 \geqslant 40 \\ x_5 + x_6 \geqslant 60 \\ x_1, x_2, x_3, x_4, x_5, x_6 \geqslant 0 \end{cases}$$

在现实生活中，经常会遇到指派人员做某项工作（任务）的情况。指派问题也称分配问题，主要研究人和工作（任务）间如何匹配，以使所有工作完成的效率实现最优化。形式上，指派问题给定了一系列所要完成的工作以及一系列完成工作的人员，所需要解决的问题就是要确定出指派哪个人去完成哪项工作。

指派问题的一般假设包括：

（1）人的数量和工作的数量相等。

（2）每个人只能完成一项工作。

（3）每项工作只能由一个人来完成。

（4）每个人和每项工作的组合都会有一个相关的成本（单位成本）；由于每个人的知识、能力、经验等不同，故每个人完成不同任务所需的成本也不同。

（5）目标是要确定如何指派能使总成本最小。

解题思路是，假设每个人相对于每项任务都有两种状态——做和不做。设 x_{ij} 为第 i 个人做第 j 项工作，做取1，不做取0。c_{ij} 为第 i 个人完成第 j 项工作所需要的成本。那么，指派问题所希望达到的目标应该是成本最小。建立如下的模型：

目标函数：$\min(z)=\sum_{i=1}^{n}\sum_{j=1}^{n}c_{ij}x_{ij}$

其中，状态变量x_{ij}和成本参数c_{ij}的矩阵如下：

$$X=\begin{pmatrix} x_{11} & x_{12} & \cdots & x_{1n} \\ x_{21} & x_{22} & \cdots & x_{2n} \\ \vdots & \vdots & & \vdots \\ x_{n1} & x_{n2} & \cdots & x_{nn} \end{pmatrix}$$

$$C=\begin{pmatrix} c_{11} & c_{12} & \cdots & c_{1n} \\ c_{21} & c_{22} & \cdots & c_{2n} \\ \vdots & \vdots & & \vdots \\ c_{n1} & c_{n2} & \cdots & c_{nn} \end{pmatrix}$$

约束条件可以表示为：

$$\begin{cases} \sum_{j=1}^{n}x_{ij}=1 & (i=1,2,\cdots,n) \\ \sum_{i=1}^{n}x_{ij}=1 & (j=1,2,\cdots,n) \\ x_{ij}=0 \text{ or } 1 & (i,j=1,2,\cdots,n) \end{cases}$$

2.3 生产计划问题

合理配料是机械制造、服装鞋帽、建筑装饰等行业需要经常考虑的问题。这些往往要将一定长度或尺寸的材料切割成一定尺寸的毛坯，而且往往不可避免地要有一些余料。如何利用尽可能少的材料切割出规定的毛坯件数，最大限度地减少余料，就是配料问题。例如，某饲料公司计划第一季度内进行甲、乙、丙三种饲料的生产。这些产品分别需要在A、B两条生产线上生产加工，并且需要消耗C、D两种原材料。按以往的生产经验，每生产一件某饲料产品，在不同的生产线上加工所需要的原材料情况如表2-2所示。已知在计划期内设备的加工能力各为200台时，可供生产的原材料C、D分别为360公斤、300公斤；每生产一件甲、乙、丙饲料产品，企业可分别获得40元、30元、50元利润。假定市场需求无限制，企业决策者应如何安排生产计划，使企业在计划期内总的利润收入最大？

表 2-2 配料加工情况表

项　目	甲	乙	丙	总限制
生产线 A	3	1	2	200
生产线 B	2	2	4	200
原材料 C	4	5	1	360
原材料 D	2	3	5	300
单位利润（元）	40	30	50	

根据该题目所描述的问题，设定目标函数应该为利润最大。这样，我们建立如下的数学模型。

目标函数：$\max(z) = 40x_1 + 30x_2 + 50x_3$

式中：x_1、x_2、x_3 分别为甲、乙、丙三种产品的产量。

约束条件可以表示为：

$$\begin{cases} 3x_1 + x_2 + 2x_3 \leqslant 200 \\ 2x_1 + 2x_2 + 4x_3 \leqslant 200 \\ 4x_1 + 5x_2 + x_3 \leqslant 360 \\ 2x_1 + 3x_2 + 5x_3 \leqslant 300 \\ x_1, x_2, x_3 \geqslant 0 \end{cases}$$

2.4　网络配送问题

如表2-3、图2-1所示，这是一个网络运输问题。综合考虑运价，怎样分配才能使四个地点的消费者都达到供需平衡，并且成本最低？可以将运输问题描述成矩阵。其中，x_{ij} 为第 i 个产地到第 j 个销地送货的数量，可以为0，也可以为负。c_{ij} 为第 i 个产地到第 j 个销地送货的成本。

表 2-3 路线成本表

产地	销地 1	销地 2	销地 3	销地 4	产量
1	4	12	4	11	14
2	8	4	2	7	27
3	5	9	10	6	19
销量	22	13	12	13	60

图 2-1 网络配送

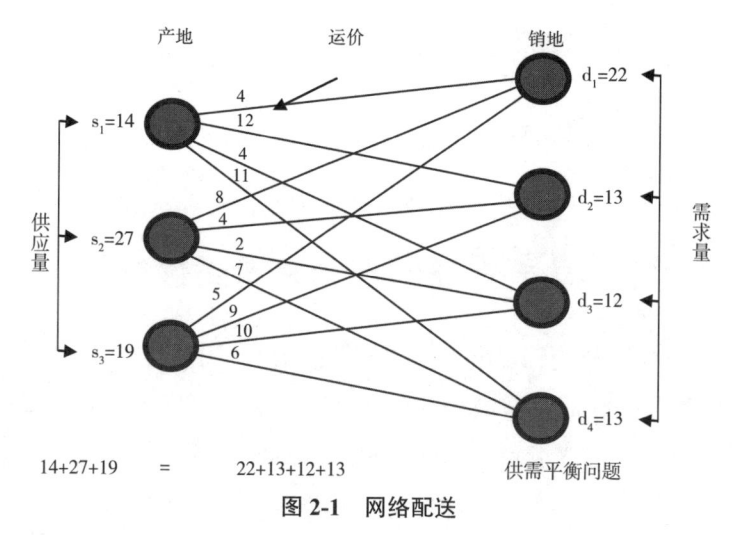

其中，变量 x_{ij} 和成本参数 c_{ij} 的矩阵如下：

$$X = \begin{pmatrix} x_{11} & x_{12} & \cdots & x_{1n} \\ x_{21} & x_{22} & \cdots & x_{2n} \\ \vdots & \vdots & & \vdots \\ x_{m1} & x_{m2} & \cdots & x_{mn} \end{pmatrix}$$

$$C = \begin{pmatrix} c_{11} & c_{12} & \cdots & c_{1n} \\ c_{21} & c_{22} & \cdots & c_{2n} \\ \vdots & \vdots & & \vdots \\ c_{m1} & c_{m2} & \cdots & c_{mn} \end{pmatrix}$$

那么，整个运输问题的目标函数可以表示为：

$$\min \ (z) = c_{11}x_{11} + c_{12}x_{12} + \cdots + c_{mn}x_{mn}$$

约束条件为：

$$\begin{cases} x_{11} + x_{12} + \cdots + x_{1n} = a_1 \\ \qquad \vdots \\ x_{m1} + x_{m2} + \cdots + x_{mn} = a_m \\ x_{11} + x_{21} + \cdots + x_{m1} = b_1 \\ x_{12} + x_{22} + \cdots + x_{m2} = b_2 \\ \qquad \vdots \\ x_{1n} + x_{2n} + \cdots + x_{mn} = b_n \\ x_{ij} \geqslant 0 (i=1,2,\cdots,m; \ j=1,2,\cdots,n) \end{cases}$$

满足供需平衡的条件为：

$$\sum_{i=1}^{m} a_i = \sum_{j=1}^{n} b_j$$

2.5 从更宽泛的视角来看线性规划

总之，在线性规划已获得广泛应用的今天，用线性规划构造问题的模型，如研究人口增长同日益减少的资源之间的关系，把企业开支减少到最低限度等这些问题，可以提高人类生活水平、发展经济，这门科学具有的潜力是难以想象的。线性规划的研究成果还直接推动了其他数学规划问题，包括整数规划、随机规划和非线性规划的算法研究。

在建立线性规划模型时需要注意一些问题。一是确定合适的决策变量，这是建立线性规划模型的关键。决策变量的设置与采取的方案和措施有关，特别要注意决策过程的主要因素的种类。若包含多个种类的因素，就要采取多下标变量。如生产不同种类的汽油要用到不同种类的原材料，决策过程包含两个因素（每种汽油各用多少不同的原料，各生产多少），就要采取双下标变量。二是同一问题的线性规划模型不是唯一的。在建立同一问题的模型时，由于决策变量设置方法的多样性，线性规划数学模型的形式不唯一。三是在建立模型的过程中，要认真分析各种约束条件，建立约束方程。如果遗忘一条约束条件，就会得到错误的最优解。但可以通过方程出现无解、无限解等情况，反过来思考约束条件的设置问题。

"线性规划之父"丹齐克的传奇故事[1]

"线性规划之父"丹齐克（George Dantzig），与"计算机之父""博弈论之父"约翰·冯·诺依曼（John Von Neumann）以及线性规划对偶理论提出者康托洛维奇（Leonid Kantorovich）被誉为线性规划的三大创始人，为线性规划

---

[1] 王军强. 无缘诺贝尔奖的 George Dantzig——线性规划之父 [EB/OL].
http://blog.sciencenet.cn/blog-36947-628719.html.

创立与发展立下赫赫功劳。在康托洛维奇因解决稀缺资源的最优配置获1975年诺贝尔经济学奖的时候,大家愕然:丹齐克为什么没有得到诺贝尔经济学奖?

丹齐克是美国工程院、科学院、艺术与科学院三院院士,美国国家科学奖章获得者(1975),是计量经济学会(the Econometric Society)、数理统计学会(Institute of Mathematical Statistics)、美国科学进步协会(Association for the Advancement of Science)、INFORMS(Institute for Operations Research and the Management Sciences)的会士,美国军方数学顾问,并以其名字设立丹齐克数学奖(由美国数学规划学会和美国工业与应用数学会联合颁奖,奖励在数学规划领域的研究中有突出影响的个人),数学规划学会(the Mathematical Programming Society)的创始人和第一届主席,美国管理学会(Institute of Management Sciences,TIMS)第13届主席,第一届ORSA(Operations Research Society of America)冯·诺依曼理论奖(运筹管理学领域最高奖)得主,第一批入选国际数学规划联合会(International Federation of Operational Research Societies, IFORS)数学规划名人堂的巨匠,入选词很好地总结了丹齐克的贡献。

丹齐克还有一段极富传奇色彩、喜剧色彩的人生经历,因被搬上银幕《心灵捕手》(Good Will Hunting)而广为流传。

丹齐克在开学的第一天,因故迟到了,看到黑板上写着两道题目。他以为是老师留的课外作业,就抄了下来。在做的过程中,丹齐克感到很困难。他心想:第一天上课的题目就不会做,后面的课还怎么上啊?于是他下定决心不做出这两道题目,就退学。最后他用了几周的时间完成,为此他还特意向瑞尼曼(Neyman)教授道歉。几周后的一个周末清晨,丹齐克被一阵急促的敲门声吵醒,瑞尼曼教授一进门就激动地说:"我刚为你的论文写好一篇序言,你看一下,我要立即寄出去发表。"丹齐克过了好一阵才明白瑞尼曼教授的意思:原来那是两道统计学中著名的未解决问题,他竟然当成课外作业解决了!后来谈到这件事时,丹齐克感慨道:如果自己预先知道的话,根本就不会有信心和勇气去思考,也不可能解决它们。

丹齐克在伯克利大学攻读统计学博士学位期间,第二次世界大战爆发了,丹齐克作为文职人员参加了空军,担任美国空军总部的作战分析分部首席,1946—1952年担任了美国空军的数学顾问(Mathematical Advisor to USAF),职责之一是研究一套方法,以更快地计算兵力部署、人员训练、后勤补给等方案。当时,物资因战争而普遍匮乏,因此需要考虑多方面复杂因素的规划。丹齐克倡导用电子计算机开发数学规划方法,尝试以简单的线性结构,简化相关的假设，并以线性的方式来处理。1946年，丹齐克返回伯克利大学并取得博士学位。

第二次世界大战结束后第三年（1948），年仅34岁的丹齐克将"运用线性结构的规划"（Programming in Linear Structure）方法公诸于世，现在频频出现于教科书中大名鼎鼎的"单纯形法"（Simplex Method）便是其成果之一。

1952年，他加入加州圣莫尼卡（Santa Monica）的兰德公司（RAND），继续研究线性规划。

1960年，他加入UC Berkeley，成为数学规划的教授，并且担任Operation Research Center的主任。

1966年，他加入Stanford，1990年成为数学规划与计算科学系（Operations Research and Computer Science）的教授，并建立了the System Optimization Center，1997年退休。

第 3 章 使用 Excel 电子表格建模

Excel是应用最为广泛的办公室表格处理软件之一。它在数学统计中也有广泛应用。Excel具有强有力的数据库管理功能、丰富的宏命令和函数、强有力的决策支持工具，具有分析能力强、操作简便、图表能力强等特点。Excel提供大量统计函数，不仅可以实现基础统计学的大部分方法，如方差分析、回归分析、假设检验等，还可以通过加载宏的方式，进行线性规划的求解。下面，我们介绍使用Excel的规划求解加载项求解该模型。点击"开始—Excel选项单"，安装Excel规划求解加载项（见图3-1）。

图 3-1　Excel 选项

在选项的"加载项"下，看到了"规划求解加载项"，处于非活动应用状态。点击"转到"开始激活它，如图3-2所示。

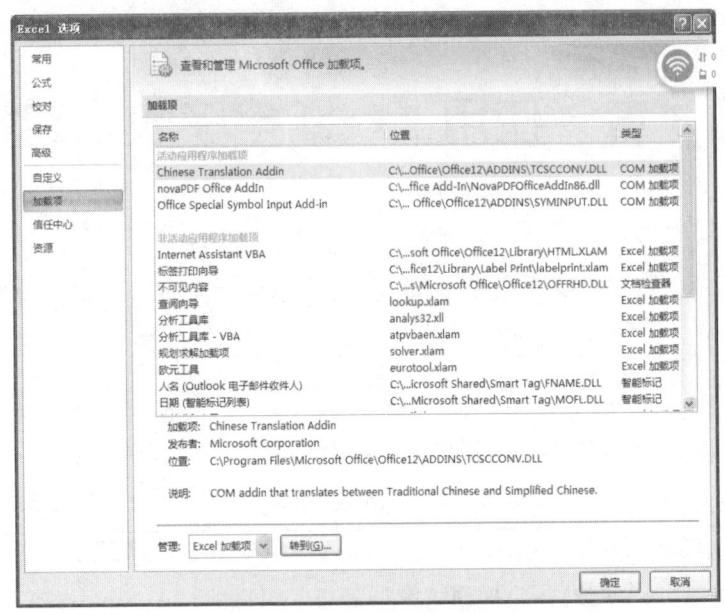

图 3-2　Excel 加载项界面

出现"加载宏"对话框，如图3-3所示。选择"规划求解加载项"，单击"确定"。

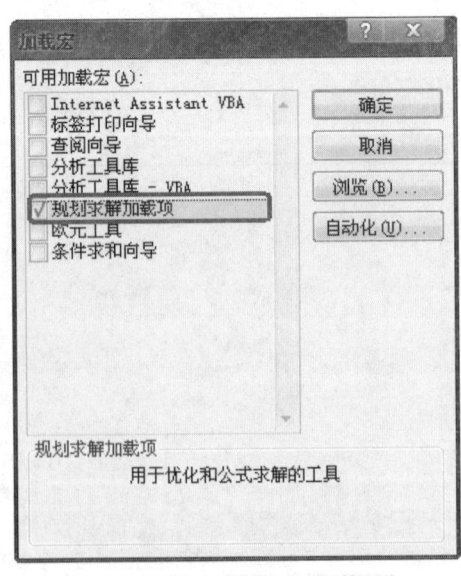

图 3-3　点选"规划求解加载项"

此时，在"数据"选项卡中出现带有"规划求解"按钮的"分析"组，如图3-4所示。

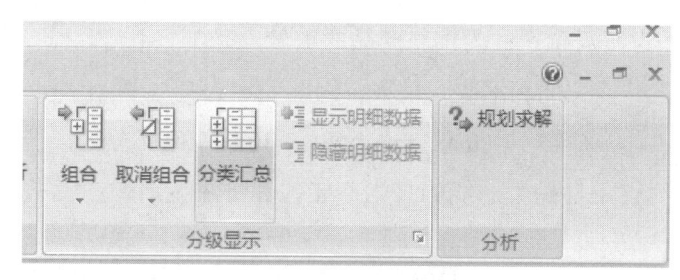

图 3-4　Excel 任务栏

单击打开后，出现如图3-5所示的对话框。

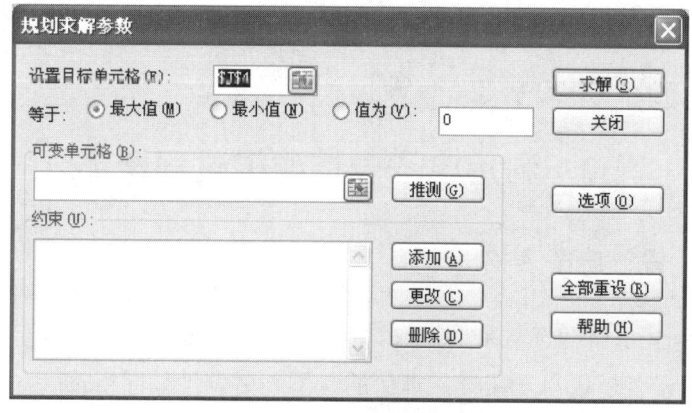

图 3-5　Excel 规划求解对话框

3.1　案例研究

某饲料公司计划第一季度内进行甲、乙、丙三种饲料的生产。这些产品分别需要在A、B两条生产线上生产加工，并且需要消耗C、D两种原材料。按以往的生产经验，每生产一件某种饲料产品，在不同的生产线上加工所需要的原材料情况如表2-2所示。

已知在计划期内设备的加工能力各为200台时，可供生产的原材料C、D分别为360公斤、300公斤；每生产一件甲、乙、丙饲料产品，企业可分别获得40元、30元、50元利润。假定市场需求无限制，企业决策者应如何安排生产计划，使企业在计划期内总的利润收入最大？

解：因为饲料由玉米和大豆粉配制而成，所以模型的决策变量定义为：x_1 为每天生产的甲饲料产品的重量（磅）；x_2 为每天生产的乙饲料产品的重量（磅）；x_3 为每天生产的丙饲料产品的重量（磅）。

目标函数是使总的利润收入最大，因此表示为：

$$\max(z) = 40x_1 + 30x_2 + 50x_3$$

模型的约束条件是生产线的日生产能力和可供生产的原材料总量，具体表示为：

$$\begin{cases} 3x_1 + x_2 + 2x_3 \leqslant 200 \\ 2x_1 + 2x_2 + 4x_3 \leqslant 200 \\ 4x_1 + 5x_2 + x_3 \leqslant 360 \\ 2x_1 + 3x_2 + 5x_3 \leqslant 300 \\ x_1, x_2, x_3 \geqslant 0 \end{cases}$$

3.2 利用电子表格建模过程概述

3.2.1 设计电子表格

使用Excel求解线性规划问题时，电子表格是输入和输出的载体，因此设计良好的电子表格更易于阅读。本例的电子表格设计如图3-6所示：

	A	B	C	D	E	F	G	H	I
1				生产计划					
2	数据								
3	变量		x1	x2	x3				
4			生产的甲饲料	生产的乙饲料	生产的丙饲料	总计		限制	
5	目标		40	30	50				
6	A生产线产能		3	1	2		≤	200	
7	B生产线产能		2	2	4		≤	200	
8	原材料1		4	5	1		≤	360	
9	原材料2		2	3	5		≤	300	
10			≥0	≥0	≥0				
11	输出								
12			x1	x2	x3	z			
13	最优方案								
14									
15									

图3-6 设计电子表格

其中，输入数据的单元格使用了阴影格式，即C5:E9和H6:H9；变量和目标函数单元格为C13:F13，加上了粗线边框；G6:G9中输入了约束公式，公式如图3-6所示，其相应的代数表达式见上一节。

3.2.2 输入公式

在单元格F5中输入公式：

$$=C5 \times \$C\$13+D5 \times \$D\$13+E5 \times \$E\$13$$

在单元格F6中输入公式：

$$=C6 \times \$C\$13+D6 \times \$D\$13+E6 \times \$E\$13$$

在单元格F7中输入公式：

$$=C7 \times \$C\$13+D7 \times \$D\$13+E7 \times \$E\$13$$

在单元格F8中输入公式：

$$=C8 \times \$C\$13+D8 \times \$D\$13+E8 \times \$E\$13$$

在单元格F9中输入公式：

$$=C9 \times \$C\$13+D9 \times \$D\$13+E9 \times \$E\$13$$

在单元格F13中输入公式：

$$=F5$$

3.2.3 应用规划求解工具

在"规划求解参数"对话框，设计相应的参数（见图3-7）。

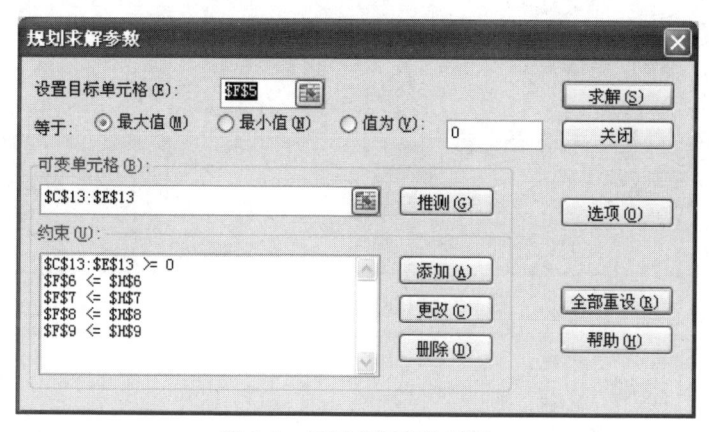

图 3-7 规划求解参数设置

并且单击"添加"按钮，添加相应的约束，如图3-8所示。

图 3-8　约束条件设置

注意，图3-8所示的约束中，添加了非负限制，即"$C$13:$E$13>=0"。还可以在"规划求解参数"对话框中，单击"选项"按钮，在出现的"规划求解选项"对话框中（如图3-9所示）添加非负约束，即选择"采用线性模型"和"假定非负"前的复选框，其余的默认值可以保持不变。当然，如果精度太高，可以调低精度，也可获得满意的结果。

图 3-9　规划求解系统参数设置

3.2.4　求解

设置好参数后，单击"规划求解参数"对话框中的"求解"按钮，结果如图3-10所示。

	A	B	C	D	E	F	G	H	I
1				生产计划					
2	数据								
3	变量		x1	x2	x3				
4			生产的甲饲料	生产的乙饲料	生产的丙饲料	总计		限制	
5	目标		40	30	50	3400			
6	A生产线产能		3	1	2	200	≤	200	
7	B生产线产能		2	2	4	200	≤	200	
8	原材料1		4	5	1	360	≤	360	
9	原材料2		2	3	5	240	≤	300	
10			≥0	≥0	≥0				
11	输出								
12			x1	x2	x3	z			
13	最优方案		50	30	10	3400			
14									
15									
16									

图 3-10　电子表格求解结果

为了增强可读性，还可以使用有描述性的 Excel 名称来代替单元格字母。

如果问题没有可行解，规划求解将会显示明确的信息"规划求解找不到有用的解"。如果最优目标值是无界的，规划求解将会显示不太明确的信息"设置目标单元格的值未收敛"。这些情况都表明模型构造的公式有错误。

当然，规划求解工具还可以得出更详细的报告，这些功能我们在以后讨论。

3.3　建立好的电子表格模型的几个原则

首先，输入数据。由于所有的电子表格都是受数据驱动的，整个模型的形式是围绕数据结构建立的，因此，在开始建立模型的其余部分之前，先输入和编排数据，清楚地标识数据。相关的数据应当用方便的格式组合在一起，并用标识确定这些数据。数据单位也应当标出来。以表格形式展示的数据，也应当给表格一个标题。

其次，每个数据输入唯一的单元格。如果一个数据需要在多个公式中使用，就都指向最初的数据单元格，不要在另外的地方重复。这可以使模型更容易修改，如果该数据发生了变化，只要修改一处，而不需要修改多处。

再次，用相对引用和绝对引用来简化公式。当需要重复输入公式时，只需要输入一次公式，然后用 Excel 的填充命令复制公式。这使模型建立非常容易，还能避免出错的可能。

最后，使用边框、阴影和颜色来区分单元格类型。例如，数据用蓝色

（不用边框），变动单元格用黄色（带边框），目标单元格用橘黄（粗边框），在电子表格中整个模型所有的数据必须是显而易见的。约束条件的所有内容应当列在电子表格上，对于每一个约束条件，需要使用三个相邻的单元格。

以下是检验好的电子表格的三条标准：

（1）可以在电子表格中即刻分辨出参数栏、变量栏和目标变量栏。

（2）模型所有的元素，包括约束条件，都应该在表格中清晰可见。不应该出现看了规划设置对话框才能看懂模型的情况。

（3）每一个不等式都应该尽量简洁，简单到看着不等式就知道对应表格中的哪栏数据。

关于数学规划[1]

早在1939年，苏联的康托洛维奇（H.B.Kantorovich）、美国的希区柯克（F.L. Hitchcock）等人就在生产组织管理和制订交通运输方案方面首先研究和应用线性规划方法。1947年，旦茨格等人提出了求解线性规划问题的单纯形法，为线性规划的理论与计算奠定了基础，特别是电子计算机的出现和日益完善，更使规划论得到迅速的发展，可用电子计算机来处理成千上万个约束条件和变量的大规模线性规划问题，从解决技术问题的最优化到工业、农业、商业、交通运输业以及决策分析部门都可以发挥作用。从范围来看，小到一个班组的计划安排，大至整个部门，以及国民经济计划的最优化方案分析，它都有用武之地，具有适应性强、应用面广、计算技术比较简便的特点。非线性规划的基础性工作则是在1951年由库恩（H.W. Kuhn）和塔克（A.W. Tucker）等人完成的，到了20世纪70年代，数学规划无论是在理论上和方法上，还是在应用的深度和广度上都得到了进一步的发展。

数学规划的研究对象是计划管理工作中有关安排和估值的问题，解决的主要问题是在给定条件下，按某一衡量指标来寻找安排的最优方案。它可以表示成求函数在满足约束条件下的极大极小值问题。数学规划和古典的求极值的问题有本质上的不同，古典方法只能处理具有简单表达式和简单约束条件的情况；而现代的数学规划中的问题目标函数和约束条件都很复杂，而且要求给出

---

[1] 程理民. 运筹学模型与方法学教程 [M]. 北京：清华大学出版社，2000.

某种精确度的数字解答，因此算法的研究特别受到重视。

　　非线性规划是线性规划的进一步发展和继续。许多实际问题，如设计问题、经济平衡问题，都属于非线性规划的范畴。非线性规划扩大了数学规划的应用范围，同时也给数学工作者提出了许多基本理论问题，使数学中的如凸分析、数值分析等也得到了发展。还有一种规划问题和时间有关，叫作"动态规划"。近年来在工程控制、技术物理和通信中的最佳控制问题中，已经成为经常使用的重要工具。

第4章 线性规划案例研究：WMS公司的网络配送问题

4.1 案例背景

我国经济增长速度已经告别了过去10多年10%以上的高速增长，未来几年将维持在7.5%上下区间波动，进入中高速增长阶段；经济增长动力正在加快从政府投资让位于民间投资，从出口让位于国内消费，将更多依靠转型升级、效率提升和创新发展；结构调整正在发生新的变化，第三产业比重已经于2015年首次超过第二产业，服务业特别是生产性服务业得到重点扶持；宏观政策容忍度增加，经济增速在7.5%左右的合理区间，将不会采取非常规的刺激措施。

作为重要的生产性服务业，物流业近年来受到国家和有关部门的高度重视，在国民经济中的产业地位稳步提升。受我国经济进入"新常态"影响，也是应对新时期转变发展方式的需要，我国物流业正在进入"新常态"的发展阶段。

随着市场竞争的激烈，生产制造企业进入"微利时代"。企业越来越认识到物流的重要性。2008年4月，中国仓储协会对450家大中型企业进行的物流意向调查结果表明，34%的企业将在未来一两年内选择新型物流企业，而不是原来的仓储运输企业，64%的企业将把所有的综合物流业务外包给新型物流企业，这几个数字反映中国物流的市场需求相当可观。

在当前信息社会，信息每天的增加量是非常迅速、冗杂和巨大的，存储在数据库中的数据已经超负荷；面对大量的数据，管理者、企业家、政府等各级人士很难从这些杂乱无章的数据当中提取到自己所需要的、有用的、有价值数据。如何在数据库中提取到有用的数据就显得尤为重要。

物流产业大数据对于如何提高规划和服务能力，如何应用行业数据和业务历史数据，如何应用物流产业微观和宏观数据以及基于大数据的计算和分析技术进行项目研究是各级政府部门、物流企业和科研机构迫切需要的。此外，分析降低运营成本、提高运营效率、增强企业核心竞争力的需求也日益增加。

WMS公司成立于1994年，注册资金2000万元，隶属于某食品集团旗下的冷链食品分销公司，在集团中属于重要的第三方物流公司，面向北京市超市、饭店和连锁餐饮商业提供食品配送和增值服务。公司业务主要包括北京市内配送、京津短途专线配送、第三方物流及其他自营物流业务等。仓库占地面积合计17000平方米，其中北京两个配送中心共计12000平方米，天津厂区2000平方米、河北厂区3000平方米。配送车辆中一部分为自有的，其余为租赁来的。同时公司业务范围及仓储面积、区域也在不断扩大。该子公司与食品集团合作，负责其企业生产后一切冷链食品的物流业务，包括其下属企业的北京市内配送，通过统一仓储、运输、协调来完善其企业物流体系。

近年来，WMS公司的规模不断扩大，逐渐成为在冷链食品物流方面全市首屈一指的企业。WMS公司迅速发展的阶段正与国家经济平稳发展的阶段相符合，这对公司来说是一个非常好的机会，因此，WMS公司在战略发展目标的制定上一定程度符合国家对于物流方面的战略要求，积极响应国家政策。通过近几年对WMS公司业务量的调查来看，WMS公司在积极转型优化后，业务量上升明显，更加坚定了WMS公司优化新战略的决心。

但与知名大型物流企业相比，集团在整体规模、物流网络建设、物流信息平台、企业管理等方面，都还有一定的差距，与现代物流企业也有一定的距离。随着冷链食品物流的迅速发展，把集团分散的物流资源加以整合，优化、改造物流网络，提升管理水平，增强集团物流服务功能，形成具有核心竞争力的大型物流企业，是WMS公司物流发展的重要任务。本次优化设计报告针对WMS公司在北京地区仓储和配送过程中所遇到的问题进行优化改造，从而获取更多利润。

4.2 企业运营存在的问题分析

　　WMS公司在竞争激烈的市场经济条件下，要想生存或谋求发展壮大，除了技术领先、资本雄厚之外，还需进行成本控制。WMS公司在生产经营活动中，用一定的标准对成本的形成进行监测、调整，保证企业达到成本目标。其目的是以最少的资金消耗完成更多的工作量，并要在生产经营过程的各个环节，厉行节约，降低成本，提高经济效益。其任务是通过建立健全成本控制系统，运用各种控制手段与方法，对成本开支进行适时、全面、有效的控制，防止生产经营活动中的损失和浪费，避免成本偏差的发生，保证企业成本目标的实现。企业只有不断加强成本控制，才能提高企业的市场竞争能力和获利水平。

　　WMS公司的成本控制是随着企业对内强化管理，对外满足社会需要而不断丰富和发展起来的。企业在长期的实践中总结出了一些运营成本控制管理方面的方法和措施，但由于受种种因素的限制，这些方法和措施还不够完善，存在一些缺陷和不足。

　　一方面，公司在创新方面投入不足。创新能力的提高，对于企业维持其在市场上的竞争力和保持企业的可持续发展至关重要。随着本公司业务的不断扩展，运输地点也在不断增加，在面对新的运输地点时，应注意并不是在原有的运输网络上的单纯叠加，而应该及时地对运输网络做出最优化的调整。

　　另一方面，大部分人认为运营成本的控制只是单位管理人员的职责，与其他人无关。比如，本企业中的驾驶员和修理人员，他们认为成本控制是基层管理人员的职责，而基层管理人员则认为是上级管理人员的职责。事实上，基层管理人员、驾驶员及修理人员在运营成本控制中尤其重要。基层管理人员在贯彻执行运营成本的考核方面担负着重要的角色；驾驶员在燃料、轮胎及修理费等方面是最直接的控制者，消耗量的多少与他们密切相关；修理人员在维修控制方面也是极其关键的，他们的技术水平决定着修理费用的多少。因此，加强成本控制，首要的工作在于提高广大职工对成本控制的认识，增强成本观念，培养全员成本意识，变少数人的成本控制为全员的参与控制。

从WMS物流公司现有的配送流程来看，存在的问题主要有：人员的浪费、信息沟通单向性、配送线路的重复性和运输时间延长、运输成本偏高等问题。

首先是人员的浪费，在食品装载过程中不仅需要装卸员工、货车司机，还需要双方监督人员，过多的人员分工不仅造成了人员的浪费，也加大了公司对公司员工的工资开支。

其次是信息沟通的单向性，对于食品物流的整个供应链来说不应该只是单向的正向供应链，还应该有逆向的供应链，加强信息的沟通和交流，提高供应链的整体效率。

最后是配送线路的重复性。在北京地区由于分布较广，线路复杂及交通拥堵等问题造成车辆调配的不合理，使不同车辆在运输时线路有所重复，由此影响了配送的时间，相应地造成成本过高等问题。虽然公路运输的固定成本是所有运输方式中最低的，但是卡车运输的可变成本很高，大约70%~90%的成本是可变的，10%~30%为固定的。也就是说，更好地控制可变成本就意味着更高的利润。所以，在对运输优化时，公路可变成本应作为重点。本方案就这一个问题给出了具体的解决方案。

4.3 优化方案设计

由于冷链食品的需求有一定的季节性，所以，在不同的季节运输食品的种类、数量也有不同的变化。如夏天天气炎热，各种细菌滋生，食品易腐蚀，因此对冷链食品配送的需求量大，单笔交易量大，需要频繁配送。而冬季由于运输条件受天气的限制，其运输量也会有一定的减少。因为食品的运输因季节因素会有一定的变化，所以，需要企业及时地调整运输计划。

根据食品季节性的需求变化，对运输线路进行规划，将冷链食品运输业务分为：旺季时的大宗货物运输和淡季时的散货运输。运输规划方案设计内容如图4-1。

图 4-1 运输规划方案设计

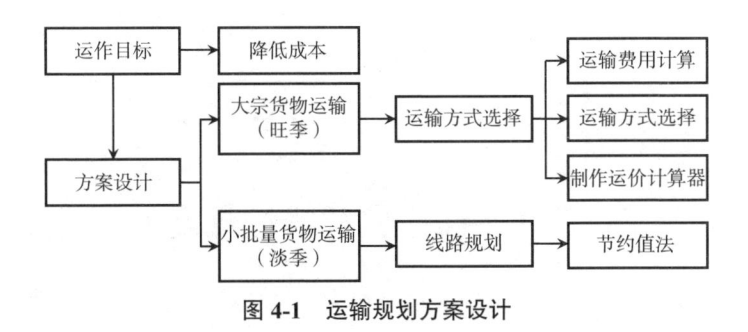

4.4 WMS 公司优化模型

运输问题是一种特殊的线性规划问题。WMS公司作为多家医药单位的代理商，统计了配送中心1、配送中心2的仓储量以及到市内5个地区的销量以及运费，如表4-1所示。通过以上统计数据可以计算不同路线运输货物的总运费。

表 4-1 物流配送中的配送数据

配送地	运费（元）					配送量（个）
	A区	B区	C区	D区	E区	
配送中心1	2.2	2.4	2.0	2.4	1.8	39000
配送中心2	1.0	1.2	1.4	2.0	1.3	48000
城区总运量	15000	14000	24000	16000	18000	87000

抽象出的优化模型为：

$$\min(z) = \sum_{i=1}^{m}\sum_{j=1}^{n} c_{ij} x_{ij} \qquad 变量数 m \times n$$

约束方程数目为 $m+n+1$ 个：

$$\begin{cases} \sum_{j=1}^{n} x_{ij} = a_i & (i = 1, \cdots, m) \\ \sum_{i=1}^{m} x_{ij} = b_j & (j = 1, \cdots, n) \\ x_{ij} \geqslant 0 & (i = 1, \cdots, m;\ j = 1, \cdots, n) \end{cases}$$

4.5 应用 Excel 求解线性规划问题

使用上一章学过的Excel求解该线性规划问题，本例的电子表格设计如图4-2所示。

首先，注意输入数据时表格中的参数所代表的意义。由于所有的电子表格都是受数据驱动的，整个模型的形式是围绕数据结构建立的。因此，在开始建立模型的其余部分之前，先输入和编排数据。其中，目标变量的意义应该是某配送中心到某城区的运输数量。所以，每种可能的运输方式都用一个变量x_i表示。配送中心1的约束条件中把表示配送中心1运输各区的变量前的参数设为1，配送中心2的运输变量参数设为0。配送中心2的约束条件同理。在城区运输总量的设置中，把运输到城区j的两个变量前的参数设置为1，运输到其他区的变量参数设置为0。

其次，每个数据输入唯一的单元格。如果一个数据需要在多个公式中使用，都指向最初的数据单元格，不要在另外的地方重复。这可以使模型更容易修改，如果该数据发生变化，只要修改一处，而不需要修改多处。

最后，用相对引用和绝对引用来简化公式。当需要重复输入公式时，只需要输入一次公式，然后用Excel的填充命令复制公式。这使模型建立非常容易，还能避免出错的可能。下面是用函数设置公式的方法。

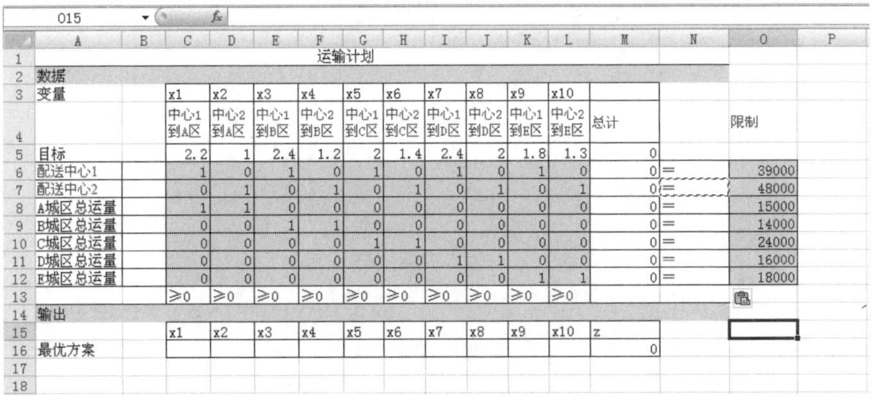

第 4 章　线性规划案例研究：WMS 公司的网络配送问题

图 4-2　运输问题电子表格

在单元格M5中利用数组函数SUMPRODUCT输入公式：

=SUMPRODUCT（C5:L5,$C$16:$L$16）

在给定的几组数组中，将数组间对应的元素相乘，并返回乘积之和。语法为SUMPRODUCT（array1，array2，array3，…）。其中，array1，array2，array3，…为数组，其相应元素需要进行相乘并求和。上例所返回的乘积之和，与以数组形式输入的公式SUM（A2:B4×C2:D4）的计算结果相同。

在单元格M6到M12中下拉该公式。

在单元格F13中输入公式：

=F5

设置规划求解参数，如图4-3、图4-4。

图 4-3　"规划求解参数"对话框

· 43 ·

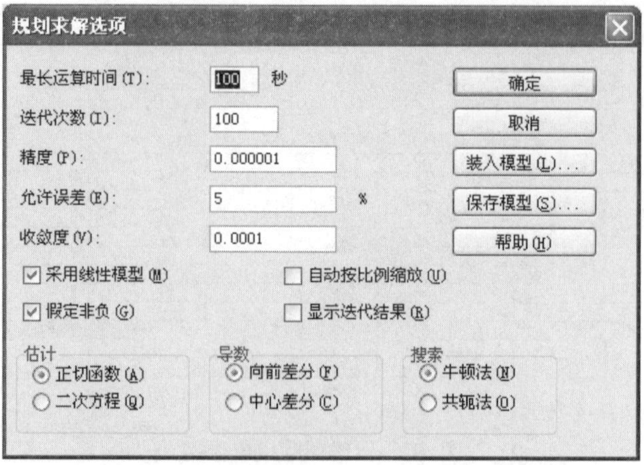

图 4-4　“规划求解参数”对话框中选项的设置

通过Excel求解线性规划方法计算之后，可以得出最优解：

	A	B	C	D	E	F	G	H	I	J	K	L	M	N	O	P
1	运输计划															
2	数据															
3	变量		x1	x2	x3	x4	x5	x6	x7	x8	x9	x10				
4			中心1到A区	中心2到A区	中心1到B区	中心2到B区	中心1到C区	中心2到C区	中心1到D区	中心2到D区	中心1到E区	中心2到E区	总计		限制	
5	目标		2.2	1	2.4	1.2	2	1.4	2.4	2	1.8	1.3	139200			
6	配送中心1		1	0	1	0	1	0	1	0	1	0	39000	=	39000	
7	配送中心2		0	1	0	1	0	1	0	1	0	1	48000	=	48000	
8	A城区总运量		1	1	0	0	0	0	0	0	0	0	15000	=	15000	
9	B城区总运量		0	0	1	1	0	0	0	0	0	0	14000	=	14000	
10	C城区总运量		0	0	0	0	1	1	0	0	0	0	24000	=	24000	
11	D城区总运量		0	0	0	0	0	0	1	1	0	0	16000	=	16000	
12	E城区总运量		0	0	0	0	0	0	0	0	1	1	18000	=	18000	
13			≥0	≥0	≥0	≥0	≥0	≥0	≥0	≥0	≥0	≥0				
14	输出															
15			x1	x2	x3	x4	x5	x6	x7	x8	x9	x10	z			
16	最优方案		0	15000	0	14000	5000	19000	16000	0	18000	0	139200			
17																
18																

图 4-5　Excel 计算结果

从配送中心1向C区运输5000个单位的货物、向D区运输16000个单位的货物、向E区运输18000个单位的货物。

从配送中心2向A区运输15000个单位的货物、向B区运输14000个单位的货物、向C区运输19000个单位的货物。

总运费应为：

z=2.0×5000+2.4×16000+1.8×18000+1.0×15000+1.2×14000+1.4×19000

=139200元

4.6　效益分析

改变方案之后，在配送路线上做出了一些调整，降低了配送成本。具体通过以下几个情况进行分析。

4.6.1　正确地选择配送线路

配送线路的选择，WMS公司尽量安排直达、快速配送，尽可能缩短配送时间，否则将安排沿路和循环配送，以提高车辆的容积利用率和车辆的里程利用率，从而达到节省配送费用、节约运力的目的。

4.6.2　减少劳力投入，增加配送能力

配送的投入主要是能耗和基础设施的建设，在运输设施固定的情况下，WMS公司尽量减少能源动力投入，从而大大节约运费，降低单位货物的配送成本，达到合理化的目的。

4.6.3　尽量发展直达运输

直达运输，就是在组织货物运输过程中，越过商业、物资仓库环节或交通中转环节，把货物从产地或起运地直接运到销地或用户，以减少中间环节。WMS公司是在一次运输批量和用户一次需求量达到了一整车时发现的优势。

4.6.4　提高技术装载量

依靠科技进步是运输合理化的重要途径。它一方面最大限度地利用运输工具的载重吨位，另一方面充分使用车辆装载容量，提高技术装载量，避免空载，从而获得最大利润。

第 5 章　线性规划的 what-if 分析

5.1　what-if 分析对管理者的重要性

　　线性规划的目的是对未来进行各种各样的假设，在这些假设下，测试各种管理方法可能产生的结果，通过对各种结果的深入分析来指导管理者做出最终的决策。最优解一般只是针对某一特定的数学模型，是实际问题的一个粗略的抽象。

　　模型参数的获取是困难的，往往只能得到粗略的估计值。估计不准确会造成什么影响？如果模型参数在一定范围内变动不会改变最优解，那么管理者就能够接受该参数的估计值。如果模型参数估计值微小的变动都会改变最优解（这样的参数叫作敏感性参数），管理者就会要求对这一估计值进行重新定义，使其更加精确。线性规划的what-if分析是在求得基本模型的最优解之后进行的，其目的就是要分析模型参数的变动会给当前最优解和最优值带来什么影响。具体包括：

　　（1）目标函数系数的变动。

　　（2）约束函数系数的变动。

　　（3）约束边界值的变动。

　　为了简单起见，本章研究只有目标函数系数变动的情况。

　　what-if分析的基本作用：

　　（1）确定参数估计值必须精确到怎样的程度，才能避免得出错误的最优解。找出敏感性参数。

（2）经过敏感（灵敏）性分析（分析单参数变动对结果的影响）之后，即使不求解，也可以表明模型参数的变化是否会改变最优解。

（3）当模型特定的参数反映管理政策决策时，what-if分析可以表明改变这些决策对结果的影响，从而有效指导管理者做出最终的决策。

what-if灵敏度分析的方法主要有：①可以在电子表格中采取试验的方法，不断增加或减少值，直到最优解发生改变，以找到最优解发生变化时对应的值。②在Excel求得最优解之后，在其右边列出了它可以提供的三个报告。选择第二项敏感性报告的选项，就可以得到灵敏度的分析报告，它显示在模型的工作表之前。

注意当几个价值系数同时变动时，使用百分之百法则。对约束条件限定数的灵敏度分析同上：选择第二项"敏感性报告"的选项，就可以得到灵敏度的分析报告，其中"约束"表即是。若几个约束限定数同时变动，也要注意使用百分之百法则。

5.2 继续研究饲料生产计划案例

某饲料公司计划第一季度内进行甲、乙、丙三种饲料的生产。这些产品分别需要在A、B两条生产线上生产加工，并且需要消耗C、D两种原材料。按以往的生产经验，每生产一件某种饲料产品，在不同的生产线上加工所需要的原材料情况如表2-2所示。

已知在计划期内设备的加工能力各为200台时，可供生产的原材料C、D分别为360公斤、300公斤；每生产一件甲、乙、丙饲料产品，企业可分别获得40元、30元、50元利润，假定市场需求无限制。企业决策者应如何安排生产计划，使企业在计划期内总的利润收入最大？

解：因为饲料由玉米和大豆粉配制而成，所以模型的决策变量定义为：x_1为每天生产的甲饲料产品的重量（磅）；x_2为每天生产的乙饲料产品的重量（磅）；x_3为每天生产的丙饲料产品的重量（磅）。

目标函数是使总的利润收入最大，因此表示为：

$$\max(z) = 40x_1 + 30x_2 + 50x_3$$

模型的约束条件是生产线的日生产能力和可供生产的原材料总量，具体表示为：

$$\begin{cases} 3x_1+x_2+2x_3 \leqslant 200 \\ 2x_1+2x_2+4x_3 \leqslant 200 \\ 4x_1+5x_2+x_3 \leqslant 360 \\ 2x_1+3x_2+5x_3 \leqslant 300 \\ x_1, x_2, x_3 \geqslant 0 \end{cases}$$

5.3 电子表格试验法

生产计划电子表格设计如图5-1所示。

变量	x1 生产的甲饲料	x2 生产的乙饲料	x3 生产的丙饲料	总计		限制
目标	40	30	50	3400		
A生产线产能	3	1	2	200	≤	200
B生产线产能	2	2	4	200	≤	200
原材料1	4	5	1	360	≤	360
原材料2	2	3	5	240	≤	300
	≥0	≥0	≥0			
输出						
	x1	x2	x3	z		
最优方案	50	30	10	3400		

图 5-1　生产计划电子表格设计

将甲饲料的单价由每单位40元变成30元，最优解并未因此发生变化（见图5-2）。

变量	x1 生产的甲饲料	x2 生产的乙饲料	x3 生产的丙饲料	总计		限制
目标	30	30	50	2900		
A生产线产能	3	1	2	200	≤	200
B生产线产能	2	2	4	200	≤	200
原材料1	4	5	1	360	≤	360
原材料2	2	3	5	240	≤	300
	≥0	≥0	≥0			
输出						
	x1	x2	x3	z		
最优方案	50	30	10	2900		

图 5-2　产品单价调低

将甲饲料的单价由每单位40元提高到50元，最优解也未因此发生变化（见图5-3）。

变量	x1 生产的甲饲料	x2 生产的乙饲料	x3 生产的丙饲料	总计		限制
生产计划						
目标	50	30	50	3900		
A生产线产能	3	1	2	200	≤	200
B生产线产能	2	2	4	200	≤	200
原材料1	4	5	1	360	≤	360
原材料2	2	3	5	240	≤	300
	≥0	≥0	≥0			
输出						
	x1	x2	x3	z		
最优方案	50	30	10	3900		

图5-3 产品单价调高

但是，将甲饲料的单价由每单位40元提高到100元，最优解发生了变化（见图5-4）。

变量	x1 生产的甲饲料	x2 生产的乙饲料	x3 生产的丙饲料	总计		限制
生产计划						
目标	100	30	50	6666.667		
A生产线产能	3	1	2	200	≤	200
B生产线产能	2	2	4	13.33333	≤	200
原材料1	4	5	1	266.6667	≤	360
原材料2	2	3	5	13.33333	≤	300
	≥0	≥0	≥0			
输出						
	x1	x2	x3	z		
最优方案	66.66666667	30	10	6666.667		

图5-4 进一步调高产品单价

表5-1列出了敏感性分析结果。

表5-1 敏感性分析结果

甲饲料的价格（元）	x_1 生产的甲饲料	x_2 生产的乙饲料	x_3 生产的丙饲料	总收益
20	0	68.89	15.56	2844.44
30	50	30	10	2900
40	50	30	10	3400
50	50	30	10	3900
60	50	30	10	4400

续表

甲饲料的价格(元)	x_1 生产的甲饲料	x_2 生产的乙饲料	x_3 生产的丙饲料	总收益
70	50	30	10	4900
80	58.18	25.46	0	5418.18
90	66.67	0	0	6000

保持最优解不变的模型参数允许变化的范围称为最优域。

有了最优域，模型参数发生变化时，就不需要重新建模与求解，可直接判断模型参数的变化是否会影响初始的最优解，这样通过在电子表格中采取试验的方法，不断增加或减少数值，直到最优解发生改变，以找到最优解发生变化时对应的值（见图5-5）。

单元格	名字	终值	递减成本	目标式系数	允许的增量	允许的减量
$C$13	最优方案 x1	50	0	40	37.78	11.11
$D$13	最优方案 x2	30	0	30	14.29	5
$E$13	最优方案 x3	10	0	50	10	30.91

图 5-5　各系数调整范围

5.4　Excel 敏感性报告

用Excel规划求解过程得到规划求解结果，如图5-6所示。

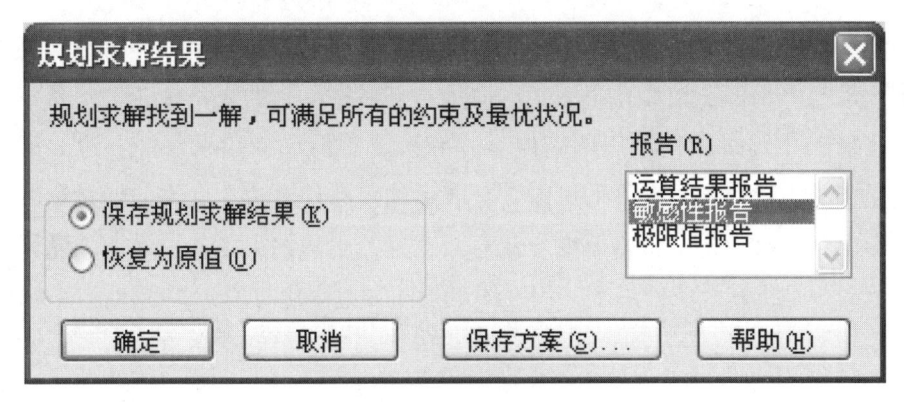

图 5-6　敏感性报告表选项

5.4.1 敏感性报告中各项指标的含义

敏感性报告如图5-7所示。

可变单元格

单元格	名字	终值	递减成本	目标式系数	允许的增量	允许的减量
$C$13	最优方案 x1	50	0	40	37.78	11.11
$D$13	最优方案 x2	30	0	30	14.29	5
$E$13	最优方案 x3	10	0	50	10	30.91

约束

单元格	名字	终值	影子价格	约束限制值	允许的增量	允许的减量
$F$9	原材料 2 总计	240	0	300	30	60
$F$7	B生产线产能 总计	200	9.44	200	41.54	32.73
$F$8	原材料 1 总计	360	1.11	360	90	135
$F$6	A生产线产能 总计	200	5.56	200	77.14	100

图5-7 Excel 给出的敏感性报告

图5-7中位于上部的表格反映目标函数中系数变化对最优值的影响。"单元格"是指决策变量所在单元格的地址。"名字"是指这些决策变量的名称。"终值"是决策变量的终值，即最优值。"递减成本"，它的绝对值表示目标函数中决策变量的系数必须改进多少，才能得到该决策变量的正数解（非零解）。"目标式系数"是指目标函数中的系数。"允许的增量"和"允许的减量"，它们表示目标函数中的系数在允许的增量和减量范围内变化时，最优解不变（注意，这里给出的决策变量的"允许变化范围"是指其他条件不变，仅该决策变量变化时的允许变化范围）。

图5-7中位于下部的表格反映约束条件右边变化对目标值的影响。"单元格"指约束条件左边所在单元格的地址。"名字"指约束条件左边的名称。"终值"是约束条件左边的终值。"约束限制值"指约束条件右边的值。"允许的增量"和"允许的减量"，表示约束条件右边在允许的增量和减量范围内变化时，影子价格不变（注意，这里给出的约束条件右边的"允许变化范围"是指其他条件不变，仅该约束条件右边变化时的允许变化范围）。

5.4.2 灵敏度分析

目标函数系数变动分析，单个目标函数系数变动情况：

由以上得到的灵敏度报告中可以看到：

甲饲料价格的现值：40；

甲饲料价格允许的增量：38；

甲饲料价格允许的减量：11；

甲饲料价格的允许变化范围：[29，78]。

所以在目标函数系数乙饲料价格、丙饲料价格不变时，甲饲料价格在[29，78]范围内变化，问题最优解不变；同理，目标函数系数甲饲料价格、丙饲料价格不变时，乙饲料价格在[25，54]范围内变化，问题的最优解不变；同理，目标函数系数甲饲料价格、乙饲料价格不变时，丙饲料价格在[19，60]范围内变化不影响最优解。

5.5 全部目标函数系数变动的情况

目标函数系数同时变动的百分之百法则：如果目标函数系数同时变动，计算出每一系数变动量占该系数允许变化范围的百分比，然后将各个系数的变动百分比相加，如果所得的和不超过100%，最优解不会改变；如果超过100%，则不能确定最优解是否会改变。

如果甲饲料的单位利润由原来的40元增加到50元，乙饲料的单位利润由原来的30元减少到20元，丙饲料的单位利润由50元变动到15元，采用百分之百法则求解判断最优解变化情况如下：

c_1：40→50

c_1占允许增加量的百分比 $=\left(\dfrac{50-40}{49}\right)\times 100\% \approx 20\%$

c_2：30→20

c_2占允许减少量的百分比 $=\left(\dfrac{30-20}{19}\right)\times 100\% \approx 52\%$

c_3：50→15

c_3占允许增加量的百分比$=\left(\dfrac{50-15}{41}\right)\times 100\% \approx 85\%$

百分比总和=157%

c_1、c_2、c_3三个目标函数系数同时变化时，变动百分数的相加之和等于157%（超过100%），所以最优解发生改变，通过改变原来规划求解模型中目标函数的系数进行新的规划求解，得到新的最优解，求解结果如图5-8所示。

变量	x1 生产的甲饲料	x2 生产的乙饲料	x3 生产的丙饲料	总计		限制
目标	30	30	50	3418.182		
A生产线产能	3	1	2	200	≤	200
B生产线产能	2	2	4	167.2727	≤	200
原材料1	4	5	1	360	≤	360
原材料2	2	3	5	192.7273	≤	300
	≥0	≥0	≥0			
输出						
	x1	x2	x3	z		
最优方案	58.18181818	25.45454545	0	3418.182		

图 5-8　调整系数后最优解

敏感性分析方法小结：

电子表格直接变动：适合检测参数的一组变动值。

使用Solver Table：可检测多组变动值，但参数个数不能超过两个。

图形分析法：适应于最多两个参数的变动分析。

Solver报告：没有限制，但只提供可变单元格和约束边界值的单参数变动分析。

百分百法则：没有限制，但超过100%则无法判断。

第6章 整数规划

6.1 一般整数规划

在现实生活中，经常遇到一些需要变量取整数才有实际意义的问题，如制订计划、规划时需要确定工人的人数、设备的台数等。

许多有名的最优化问题，如旅行商问题、背包问题、下料问题、工序安排问题等，也都可以归结为整数规划问题。

整数规划模型是一类特殊的线性规划模型，但用求解线性规划模型的单纯形法所得到的最优解往往不能保证其一定是整数。解相应的线性规划问题得到最优解之后，采用最优解凑整的方法，往往得不到整数规划的最优解，甚至得不到可行解。

$$\max(\min)\sum_{i=1}^{n}c_i x_i$$

$$\begin{cases} \sum_{i=1}^{n}a_i x_i \leqslant b \quad (\text{或} \geqslant b \text{ 或} = b) \\ x_i \geqslant 0, \text{且为整数或部分为整数}(i=1, 2, \cdots, n) \end{cases}$$

如果决策变量全部为整数，则称为纯整数规划。部分决策变量是整数，其他变量可以是非整数，则称为混合整数规划。如果变量仅取0或1，此时的整数规划称为0-1规划，是整数规划的特殊情况。

整数规划模型是一类特殊的线性规划模型，但用求解线性规划模型的单纯形法所得到的最优解往往不能保证其一定是整数。

$$\max(z)=20x_1+10x_2$$
$$\begin{cases} 5x_1+4x_2 \leqslant 24 \\ 2x_1+5x_2 \leqslant 13 \end{cases} (x_1, x_2 \geqslant 0)$$

将自变量为整数的限制条件加上：

$$\max(z)=20x_1+10x_2$$
$$\begin{cases} 5x_1+4x_2 \leqslant 24 \\ 2x_1+5x_2 \leqslant 13 \end{cases} (x_1, x_2 \geqslant 0, 且为整数)$$

通过单纯形法可求得最优解为$x_1=4.8, x_2=0$，max（z）=96。

若采用凑整的方法得：

$x_1=5$　$x_2=0$　（根本不是原整数规划的可行解）

或者$x_1=4$，$x_2=0$，$z=80$　（也不是整数规划的最优解）

实际上原问题的最优解为：

$x_1=4, x_2=1$，max（z）=90

用穷举法求解：

$$\max(z)=20x_1+10x_2$$
$$\begin{cases} 5x_1+4x_2 \leqslant 24 & ① \\ 2x_1+5x_2 \leqslant 13 & ② \end{cases} (x_1, x_2 \geqslant 0, 且为整数)$$

解：在①②中令$x_2=0$得

$$x_1 \leqslant \frac{24}{5}=4 \quad x_1 \leqslant \frac{13}{2}=6 \quad x_1 \leqslant 4$$

所以x_1只能取0，1，2，3，4，同理在①②中令$x_1=0$，得：

$$0 \leqslant x_2 \leqslant 2$$

故x_2只能取0，1，2，见表6-1。

表6-1　穷举法表格

点	条件 ①	条件 ②	可行解	最优目标
(0, 0)	√	√	√	0
(0, 1)	√	√	√	10
(0, 2)	√	√	√	20

续表

点	条件 ①	条件 ②	可行解	最优目标
(1, 0)	√	√	√	20
(1, 1)	√	√	√	30
(1, 2)	√	√	√	40
(2, 0)	√	√	√	40
(2, 1)	√	√	√	50
(2, 2)	√			/
(3, 0)	√	√	√	60
(3, 1)	√	√	√	70
(3, 2)	√			/
(4, 0)	√	√	√	80
(4, 1)	√		√	90
(4, 2)				

6.2　0-1 变量的描述方法

在整数规划中，如果变量只能取0,1两个数，则称整数规划为0-1型整数规划。在整数规划问题中，0-1型整数规划是其中较为特殊的一类情况，它要求决策变量的取值仅为0或1，在实际问题的讨论中，0-1型整数规划模型也对应着大量的最优决策的活动与安排讨论。在现实世界中，也存在许多具有组合特性的以及涉及是或非决策的最优化问题，这些问题都可归结为0-1型整数规划。我们将列举一些模型范例，以说明这个事实。

例：某公司拟在市东、西、南三区建立门市部，拟议中有7个位置A_i（i=1, 2, …, 7）可供选择，规定：

（1）在东区A_1，A_2，A_3三个点中至多选两个；

（2）在西区A_4，A_5两个点中至少选一个；

（3）在南区A_6，A_7两个点中至少选一个。

如果用A_i点，设备投资估计为b_i元，每年可获利估计为c_i元，但投资额不超过B元，问应选择哪几个点可使年利润最大？

解：引入0-1变量，x_i（$i=1, 2, \cdots, 7$），令$x_i=1$，表示A_i点被选用（0表示A_i点没被选用）。

$$\max(z) = c_1x_1 + c_2x_2 + c_3x_3 + \cdots + c_7x_7$$

$$\begin{cases} b_1x_1 + b_2x_2 + b_3x_3 + \cdots + b_7x_7 \leq B \\ x_1 + x_2 + x_3 \leq 2 \\ x_4 + x_5 \geq 1 \\ x_6 + x_7 \geq 1 \\ x_i = 0, 1 \quad (i=1, 2, \cdots, 7) \end{cases}$$

0-1型整数规划的标准型为：

目标函数：$\max(\min) z = c_1x_1 + c_2x_2 + \cdots + c_nx_n$

约束条件为：

$$\begin{cases} a_{11}x_1 + a_{12}x_2 + \cdots + a_{1n}x_n \leq (\geq, =)b_1 \\ a_{21}x_1 + a_{22}x_2 + \cdots + a_{2n}x_n \leq (\geq, =)b_2 \\ \quad\quad\quad\quad\quad\quad \vdots \\ a_{m1}x_1 + a_{m2}x_2 + \cdots + a_{mn}x_n \leq (\geq, =)b_m \\ x_1, x_2, \cdots, x_n = 0, 1 \end{cases}$$

0-1型整数规划模型的解法一般为穷举法或隐枚举法，穷举法指的是对决策变量的每一个0或1值，均比较其目标函数值的大小，以从中求出最优解。这种方法一般适用于决策变量个数较小的情况，当较大时，由于n个0、1的可能组合数为2^n个，故此时即便用计算机进行穷举来求最优解，也几乎是不可能的。隐枚举法是增加了过滤条件的一类穷举法，该法虽能减少运算次数，但有的问题并不适用。此时，就只能用穷举法了。

隐枚举法求解0-1型规划问题：

（1）令全部都是自由变量且取0值，检验解是否可行。若可行，已得最优解；若不可行，进行步骤2。

（2）将某一变量转为固定变量，令其取值为1或0，使问题分成两个子域。令一个子域中的自由变量都取0值，加上固定变量取值，组成此子域的解。

（3）计算此解的目标函数值，与已求出的可行解最小目标函数值比较。如果前者大，则不必检验其是否可行而停止分枝，若子域都检验过，转步骤7，否则转步骤6。因继续分枝即使得到可行解，其目标函数值也较大，不会是最优解；如前者小，进行步骤4。对第一次算出的目标函数值，不必进行比较，直接转到步骤4。

（4）检验解是否可行。如可行，已得一个可行解，计算并记下它的z值，并停止分枝；若子域都检验过，转步骤7，否则转步骤6。因继续分枝，即使得到可行解，目标函数值也比记下的z值大，不会是最优解；如不可行，进行步骤5。

（5）将子域固定变量的值代入第一个不等式约束条件方程，并令不等式左端的自由变量当系数为负时取值为1，系数为正时取值为0，这就是左端所能取的最小值。若此最小值大于右端值，则称此子域为不可行子域，不再往下分枝；若此最小值小于右端值，则依次检验下一个不等式约束方程，直至所有的不等式约束方程都通过；若子域都检验过，转步骤7，否则，转步骤6。

（6）定出尚未检验过的另一个子域的解，执行步骤3~5，若所有子域都停止分枝，计算停止，目标函数值最小的可行解就是最优解；否则，转步骤7。

（7）检查有无自由变量。若有，转步骤2；如没有，计算停止。目标函数值最小的可行解就是最优解。

6.3 案例分析：某制造公司选址的例子

现有一位于城市5的工厂，其年生产量是50000件，产品被运往a，b，c三个城市的销售中心。经预测该厂产品的需求量将会增长，工厂决定在1、2、3、4四个城市中的一个或多个城市中新建工厂以增加生产力。在这四个城市中新建工厂的年固定成本和生产能力，以及每件产品从每个工厂送到每个销售中心的运费如表6-2、图6-1所示。且：

总成本＝年固定成本＋运输成本

问如何选择新的厂址，才能使该工厂每年的总成本最小？

表 6-2 生产能力与固定成本表

生产地	销售中心（元/件） a	b	c	年固定成本（元）	年生产力（件）
1	5	2	3	175	50000
2	4	3	4	300	100000
3	9	7	5	375	150000
4	10	4	2	500	200000
5	8	4	3		
需求量	150000	100000	100000		

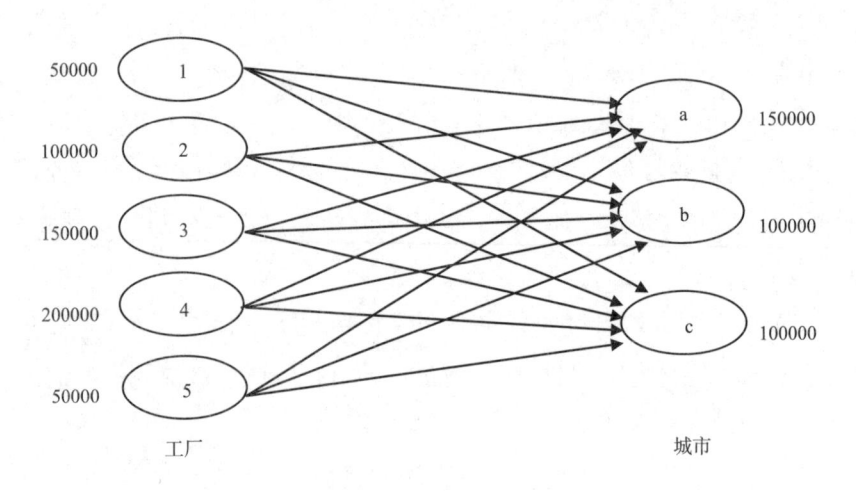

图 6-1 运输成本示意

首先做如下假设：

如果在城市1建新厂，$y_1=1$；否则，$y_1=0$。

如果在城市2建新厂，$y_2=1$；否则，$y_2=0$。

如果在城市3建新厂，$y_3=1$；否则，$y_3=0$。

如果在城市4建新厂，$y_4=1$；否则，$y_4=0$。

X_{ij}：表示从工厂所在城市i到销售中心j的运输量（$i=1, \cdots, 5; j=1, 2, 3$）。

利用已知的数据，年运输成本为：

$$TC_1=5X_{11}+2X_{12}+3X_{13}+4X_{21}+3X_{22}+4X_{23}+9X_{31}+7X_{32}$$
$$+5X_{33}+10X_{41}+4X_{42}+2X_{43}+8X_{51}+4X_{52}+3X_{53}$$
$$TC_2=175Y_1+300Y_2+375Y_3+500Y_4$$

总成本为：

$$TC=TC_1+TC_2$$

生产能力的约束条件为：从新工厂1运到a，b，c三个城市销售中心的总量应小于等于城市1的生产能力，即

$$X_{11}+X_{12}+X_{13} \leq 50000y_1 \quad （城市1的生产能力）$$

同理可得：

$$X_{21}+X_{22}+X_{23} \leq 100000y_2 \quad （城市2的生产能力）$$
$$X_{31}+X_{32}+X_{33} \leq 150000y_3 \quad （城市3的生产能力）$$
$$X_{41}+X_{42}+X_{43} \leq 200000y_4 \quad （城市4的生产能力）$$
$$X_{51}+X_{52}+X_{53} \leq 50000 \quad （城市5的生产能力）$$

三个销售中心的需求量为：

$$X_{11}+X_{21}+X_{31}+X_{41}+X_{51}=150000 \quad （a的需求量）$$
$$X_{12}+X_{22}+X_{32}+X_{42}+X_{52}=100000 \quad （b的需求量）$$
$$X_{13}+X_{23}+X_{33}+X_{43}+X_{53}=100000 \quad （c的需求量）$$

所以选址模型为：

$$\begin{cases} \min(TC)=TC_1+TC_2 \\ X_{11}+X_{12}+X_{13} \leq 50000y_1 \\ X_{21}+X_{22}+X_{23} \leq 100000y_2 \\ X_{31}+X_{32}+X_{33} \leq 150000y_3 \\ X_{41}+X_{42}+X_{43} \leq 200000y_4 \\ X_{51}+X_{52}+X_{53} \leq 50000 \\ X_{11}+X_{21}+X_{31}+X_{41}+X_{51}=150000 \\ X_{12}+X_{22}+X_{32}+X_{42}+X_{52}=100000 \\ X_{13}+X_{23}+X_{33}+X_{43}+X_{53}=100000 \\ X_{ij} \geq 0 \\ y_1, y_2, y_3, y_4 = 0, 1 \end{cases}$$

6.4 一些建模的例子

6.4.1 固定费用问题

一服装厂生产三种服装，生产不同种类的服装要租用不同的设备，设备租金和其他的经济参数如表6-3所示。假定市场需求不成问题，服装厂每月可用人工工时为2000小时，该厂如何安排生产可以使每月利润达到最大？

表6-3 设备租价与其他经济参数

服装种类	设备租金（元）	生产成本（元/件）	销售价格（元/件）	人工工时（小时/件）	设备工时（小时/件）	设备可用工时
西服	5000	280	400	5	3	300
衬衫	2000	30	40	1	0.5	300
羽绒服	3000	200	300	4	2	300

解：根据题意，三种服装的利润分别为120元、10元、100元。

设x_i表示生成第i（$i=1, 2, 3$）种服装的数量，y_i表示是否生产第i种服装。

$$y_i = \begin{cases} 1, & 生产第i种服装 \\ 0, & 不生产第i种服装 \end{cases}$$

列出目标函数：

$$\max(z) = 120x_1 + 10x_2 + 100x_3 - (5000y_1 + 2000y_2 + 3000y_3)$$

列出限制条件：

$$\begin{cases} 5x_1 + x_2 + 4x_3 \leqslant 2000 \\ 3x_1 \leqslant 300y_1 \\ 0.5x_2 \leqslant 300y_2 \\ 2x_3 \leqslant 300y_3 \end{cases}$$

6.4.2 二选一约束条件

某汽车公司正在考虑生产三种类型的汽车：微型、中型和大型。表6-4给出了每种汽车需要的资源及产生的利润。目前有6000吨钢材和60000小时的劳动时间。要生产一种在经济效益上可行的汽车，且必须至少生产1000辆。

试为该公司制订一个使生产利润达到最大的方案。

表 6-4 汽车资源与利润参数

资源	汽车的类型		
	微型	中型	大型
所需钢材（吨）	1.5	3	5
所需劳动时间（小时）	30	25	40
产生的利润（美元）	2000	3000	4000

解：设 x_1，x_2，x_3 分别表示生产微型汽车、中型汽车、大型汽车的数量。引入0-1变量，化为整数规划。设 y_i 只取0，1两个值，则生产1000辆或不生产可表达为：

$$x_i - 1000 y_i$$

$$y_i \in \{0, 1\} \ (i=1, 2, 3)$$

$$y_i = \begin{cases} 1, & 生产该车型 \\ 0, & 不生产该车型 \end{cases}$$

目标函数为：

$$\max(z) = 2000 x_1 + 3000 x_2 + 4000 x_3$$

限制条件为：

$$\begin{cases} 1.5 x_1 + 3 x_2 + 5 x_3 \leqslant 6000 \\ 30 x_1 + 25 x_2 + 40 x_3 \leqslant 60000 \\ x_1 \leqslant 1000 y_1 \\ x_2 \leqslant 1000 y_2 \\ x_3 \leqslant 1000 y_3 \\ x_1, x_2, x_3 \text{ 为整数} \end{cases}$$

6.4.3 工程安排问题

三年内有五项工程可以考虑施工，每项工程的期望收入和年度费用如表6-5所示。假定每一项已经选定的工程要在这三年内完成，如何选出那些使总收入达到最大的工程？

表6-5 工程期望收入与年度费用参数

工程	费用（万元） 第一年	第二年	第三年	收入（万元）
1	5	1	8	20
2	4	7	10	40
3	3	9	2	20
4	7	4	1	15
5	8	6	10	30
可用基金（万元）	25	25	25	

解：根据题意，$x_i = \begin{cases} 0, & \text{第}i\text{个工程未被选中} \\ 1, & \text{第}i\text{个工程被选中} \end{cases}$ （$i=1, 2, 3, 4, 5$）

目标函数：$\max(z) = 20x_1 + 40x_2 + 20x_3 + 15x_4 + 30x_5$

限制条件为：

$$\begin{cases} 5x_1 + 4x_2 + 3x_3 + 7x_4 + 8x_5 \leqslant 25 \\ x_1 + 7x_2 + 9x_3 + 4x_4 + 6x_5 \leqslant 25 \\ 8x_1 + 10x_2 + 2x_3 + x_4 + 10x_5 \leqslant 25 \\ x_i = 0, 1 \end{cases}$$

数学规划的应用[1]

存储论研究在不同需求、供货及到达等情况下，确定在什么时间点及一次提出多大批量的订货，使用于订购、存储和可能发生短缺的费用的总和为最少。

---

[1] 贾秀利，李宇鸣. 运筹学在经济领域中的应用 [J]. 吉林工程技术师范学院学报，2007, 23 (11)：51-53.

可靠性理论是研究系统故障以提高系统可靠性问题的理论。可靠性理论研究的系统一般分为两类：①不可修系统，如导弹等，这种系统的参数是寿命、可靠度等；②可修复系统，如一般的机电设备等，这种系统的重要参数是有效度，其值为系统的正常工作时间与正常工作时间加上事故修理时间之比。

搜索论是由于第二次世界大战中战争的需要而出现的数学规划分支，主要研究在资源和探测手段受到限制的情况下，如何设计寻找某种目标的最优方案，并加以实施的理论和方法。它是在第二次世界大战中，同盟国的空军和海军在研究如何针对轴心国的潜艇活动、舰队运输和兵力部署等进行甄别的过程中产生的。搜索论在实际应用中也取得了不少成效，如20世纪60年代，美国寻找在大西洋失踪的核潜艇"打谷者号"和"蝎子号"，以及在地中海寻找丢失的氢弹，都是依据搜索论获得成功的。

我国数学规划的应用是在1957年始于建筑业和纺织业。1958年开始在交通运输、工业、农业、水利建设、邮电等方面都有应用，尤其是运输方面，提出了"图上作业法"，并从理论上证明了其科学性。在解决邮递员合理投递路线问题时，管梅谷教授提出了国外称为"中国邮路问题"解法。从20世纪60年代起，数学规划在我国的钢铁和石油部门得到了全面和深入的应用。1965年起，统筹法的应用在建筑业、大型设备维修计划等方面取得了可喜进展。从20世纪70年代起，全国大部分省市开始推广优选法。20世纪70年代中期，最优化方法在工程设计界得到广泛的重视，在光学设计、船舶设计、飞机设计、变压器设计、电子线路设计、建筑结构设计和化工过程设计等方面都有成果。20世纪70年代中期的排队论开始应用于港口、矿山、电信和计算机设计等方面。图论曾被用于线路布置和计算机设计、化学物品的存放等。存贮论在我国应用较晚，20世纪70年代末在汽车工业和物资部门取得成功，近年来数学规划的应用已趋于研究规模大和复杂的问题，如部门计划、区域经济规划等，并与系统工程难以分开。

6.5 降落伞选用组合应用

需要选购一些规格固定的降落伞向灾区空投救灾物资，空投高度500m，救灾物资落地的速度不能超过20m/s。已知降落伞面是半径为r的半球面，每个降落伞都有16根长度为L的绳索。每个降落伞的制造费用固定为200元，绳索价格4元/m，降落伞费用见表6-6。

表 6-6 各种降落伞费用

r（m）	2	2.5	3	3.5	4
费用（元）	65	170	350	660	1000

降落伞在降落过程中受到的空气阻力与降落速度以及伞面积成正比。用半径r=3m、载重300kg的降落伞从500m高度降落，得到的数据如表6-7、表6-8所示。

表 6-7 降落时间参数

时刻t（s）	0	3	6	9	12	15	18	21	24	27	30
高度h（m）	500	470	425	372	317	264	215	160	108	55	1

表 6-8 各种降落物品规格

物资规格（kg）	2	3	5	18	24
数量（个）	40	30	30	25	12

那么当救灾物资不能被随意连续分割时，为使购买费用尽可能少，需建立何种数学模型？

解： 我们的主要目的是选择适当组合的降落伞，对物资进行空投，使总费用最低。由题意可知每个伞的总费用由三部分组成：伞面费用、绳索费用和固定费用。伞面费用由伞的半径r决定；绳索费用由绳索的长度及单价决定，而绳索的长度又由降落伞的半径决定；固定费用为定值200元。问题可以归纳为总费用的非线性规划问题。

降落伞下降过程是一个物理模型，故救灾物资和降落伞所组成的系统是符合牛顿定律的。系统在下降过程中做加速度减小的加速运动，直到所受阻力等于自身重力，加速度为零，速度达到最大。这时我们分析它的最大速度是否已超过20m/s，若超过的话，物资就不能安全着地，这就需要适当减小物资的重量，使物资在落地时的速度不超过20m/s。为此，我们要求出各个降落伞所对应的最大承载量，以保证物资安全着地。要确定最大载重量，我们需对降落伞进行受力分析。降落伞在降落过程中除受到竖直向下的重力作用外还受到竖直向上的空气阻力的作用，而由题可知空气阻力又与阻力系数、运动速度、伞的受力面积有关。运动速度和受力面积是已知的，所以要想确定每种伞的最大承载量，就必须先确定空气的阻力系数k。我们根据已知数据，用最小二乘法对k进行求解。而在求k之前必须求出时间t与高度h之间的关系。再根据$kvs=mg$及最大限制速度求出不同半径的降落伞的最大载重量m。

最后，根据所给的约束条件列出非线性优化模型，再借助Matlab软件，找出适当组合的降落伞，使得空投物资既能安全着陆，又能使得费用最低。

解： 根据$mg=kvs$，及$v_{max}=20$m/s，再利用k值得到最大载重量的表达式为：

$$m_j = \frac{kv_{max}s_j}{g}$$

由此求得各种降落伞所对应的最大承载量，如表6-9所示。

表6-9 各种降落伞最大承载量

r（m）	2	2.5	3	3.5	4
m_j（kg）	152.4381	238.1346	342.9858	466.8418	609.7525
取整	152	238	342	466	609

降落伞绳索的长度满足以下关系：

$$L = \sqrt{2}r$$

计算求得绳索的长度以及对应绳索费用如表6-10所示。

表6-10 各种绳索成本

r（m）	2	2.5	3	3.5	4
L（m）	2.8148	3.5355	4.2426	4.9497	5.6569
a_j	181.0193	226.2742	271.5290	316.7838	362.0387

综合以上分析，下面总结各种降落伞的成本。结合表6-11的数据，我们可以建立线性优化模型。

表 6-11　各种降落伞成本

r（m）	2	2.5	3	3.5	4
b_j	65	170	350	660	1000
a_j	181.0193	226.2742	271.5290	316.7838	362.0387
C	200	200	200	200	200
D_j	446.0193	596.2742	821.5290	1176.7838	1562.0387

当救灾物资不能随意连续分割时，由表6-8中的物资规格和数量的规定，需要根据每一种降落伞不同的最大载重量，对救灾物资进行最优的组合，使得购买降落伞的费用尽可能的低。

首先建立选购降落伞总费用的目标函数。设购买半径为2m、2.5m、3m、3.5m、4m的降落伞的个数分别为y_1, y_2, y_3, y_4, y_5，目标函数为：

$$\min(z) = 446.0193y_1 + 596.2742y_2 + 821.5290y_3 + 1176.7838y_4 + 1562.0387y_5$$

下面列出约束条件。设x_{ij}表示第j种物资用第i种降落伞所载的个数（$i, j = 1, 2, 3, 4, 5$）。

表 6-12　变量设置

r（m）	物资规格				
	2	3	5	18	24
2	x_{11}	x_{12}	x_{13}	x_{14}	x_{15}
2.5	x_{21}	x_{22}	x_{23}	x_{24}	x_{25}
3	x_{31}	x_{32}	x_{33}	x_{34}	x_{35}
3.5	x_{41}	x_{42}	x_{43}	x_{44}	x_{45}
4	x_{51}	x_{52}	x_{53}	x_{54}	x_{55}

由表6-8数据可以得出：

$$\begin{cases} x_{11} + x_{21} + x_{31} + x_{41} + x_{51} = 40 \\ x_{12} + x_{22} + x_{32} + x_{42} + x_{52} = 30 \\ x_{13} + x_{23} + x_{33} + x_{43} + x_{53} = 30 \\ x_{14} + x_{24} + x_{34} + x_{44} + x_{54} = 25 \\ x_{15} + x_{25} + x_{35} + x_{45} + x_{55} = 12 \end{cases}$$

由表6-9得：

$$\begin{cases} 2x_{11} + 3x_{12} + 5x_{13} + 18x_{14} + 24x_{15} - 152y_1 \leqslant 0 \\ 2x_{21} + 3x_{22} + 5x_{23} + 18x_{24} + 24x_{25} - 238y_2 \leqslant 0 \\ 2x_{31} + 3x_{32} + 5x_{33} + 18x_{34} + 24x_{35} - 342y_3 \leqslant 0 \\ 2x_{41} + 3x_{42} + 5x_{43} + 18x_{44} + 24x_{45} - 466y_4 \leqslant 0 \\ 2x_{51} + 3x_{52} + 5x_{53} + 18x_{54} + 24x_{55} - 609y_5 \leqslant 0 \end{cases}$$

救灾的总物资为1058kg，故有：

$$\begin{aligned} & 2x_{11} + 3x_{12} + 5x_{13} + 18x_{14} + 24x_{15} + 2x_{21} + 3x_{22} + 5x_{23} + 18x_{24} + 24x_{25} \\ & + 2x_{31} + 3x_{32} + 5x_{33} + 18x_{34} + 24x_{35} + 2x_{41} + 3x_{42} + 5x_{43} + 18x_{44} + 24x_{45} \\ & + 2x_{51} + 3x_{52} + 5x_{53} + 18x_{54} + 24x_{55} \\ & = 1058 \end{aligned}$$

以上就建立起了一个选购降落伞的优化模型。下面借助Matlab软件求解此模型，所得的结果如表6-13。

表6-13　最优分配方案

r（m）	物资规格				
	2	3	5	18	24
2	40	0	1	1	2
2.5	0	7	0	8	3
3	0	23	29	16	7
3.5	0	0	0	0	0
4	0	0	0	0	0

表6-13给出了选购降落伞的最优分配方案（其中半径为3.5m和4m没有选取），根据该分配方案，我们可以计算出所选降落伞的总费用为2685.5元。

第 7 章　运输问题和指派问题

7.1　运输问题的特征

运输问题最初起源于人们在日常生活中把某些物品或人们自身从一些地方转移到另一些地方，要求所采用的运输路线或运输方案是最经济或成本最低的，这就成了一个科学管理决策问题。随着经济的不断发展，现代物流业蓬勃发展，如何充分利用时间、信息、仓储、配送和联运体系创造更多的价值，向运输管理学提出了更高的挑战。科学地组织货源、运输和配送使得运输问题变得日益复杂，但是其基本思想仍然是实现现有资源的最优化配置。

一般的运输问题就是解决如何把某种产品从若干个产地调运到若干个销地，在每个产地的供应量和每个销地的需求量已知，并知道各地之间的运输单价的前提下，如何确定一个总运输费用最小的方案。

平衡运输问题的基本特征：

（1）明确出发地（产地）、目的地（销地）、供应量（产量）、需求量（销量）和单位成本。

（2）每一个出发地都有一个固定的供应量，所有的供应量都必须配送到目的地。与之类似，每一个目的地都有一个固定的需求量，整个需求量都必须由出发地满足，即"总供应＝总需求"。

（3）从任何一个出发地到任何一个目的地的货物配送成本与所配送的数量成线性比例关系，因此成本就等于配送的单位成本乘以所配送的数量

（目标函数是线性的）。

需要注意的是：运输问题有整数解的性质，只要它的供应量和需求量都是整数，任何有可行解的运输问题必然有所有决策变量都是整数的最优解。因此，没有必要加上所有变量都是整数的约束条件。由于运输量经常以卡车、集装箱等为单位，如果卡车不能装满的话，就很不经济了。整数解性质就避免了运输量（运输方案）为小数的麻烦，如图7-1所示。

运输问题和指派问题
- 运输问题
  - 产销平衡（总产量等于总销量）
  - 产大于销（总产量大于总销量）
  - 销大于产（总产量小于总销量）
  - 数学模型和电子表格模型
  - 各种变形的建模
  - 应用举例
- 指派问题
  - 平衡指派问题（总人数等于总任务数）
  - 数学模型和电子表格模型
  - 各种变形的建模

图 7-1　各种运输问题分支

产销平衡运输问题的数学模型为：

$$\sum_{i=1}^{m} A_i = \sum_{j=1}^{n} B_j$$

具有 m 个产地 A_i（$i=1, 2, \cdots, m$）和 n 个销地 B_j（$j=1, 2, \cdots, n$）的运输问题的数学模型为：

$$\min(z) = \sum_{i=1}^{m} \sum_{j=1}^{n} c_{ij} x_{ij}$$

$$\begin{cases} \sum_{j=1}^{n} x_{ij} = A_i \, (i=1, 2, \cdots, m) & \text{（产量约束）} \\ \sum_{i=1}^{m} x_{ij} = B_j \, (j=1, 2, \cdots, n) & \text{（销量约束）} \\ x_{ij} \geq 0 \, (i=1, 2, \cdots, m; j=1, 2, \cdots, n) \end{cases}$$

某公司有三个加工厂A_1、A_2、A_3生产某产品,每日的产量分别为7吨、4吨、9吨;该公司把这些产品分别运往四个销售点B_1、B_2、B_3、B_4,各销售点每日销量分别为3吨、6吨、5吨、6吨;从各工厂到各销售点的单位产品运价如表7-1所示。问该公司应如何调运这些产品,在满足各销售点的需要量的前提下,使总运费最少?

表 7-1 各工厂到各销售点的单位产品运价

产地	销地 B_1	B_2	B_3	B_4	产量(吨)
A_1	3	11	3	10	7
A_2	1	9	2	8	4
A_3	7	4	10	5	9
销量(吨)	3	6	5	6	

首先,三个产地A_1、A_2、A_3的总产量为7+4+9=20;四个销地B_1、B_2、B_3、B_4的总销量为3+6+5+6=20。由于总产量等于总销量,故该问题是一个产销平衡的运输问题。

(1)决策变量

设x_{ij}为从产地A_i运往销地B_j的运输量($i=1, 2, 3; j=1, 2, 3, 4$)。

(2)目标函数

本问题的目标是使得总运输费最小。

$\min (z) = 3x_{11}+11x_{12}+3x_{13}+10x_{14}+x_{21}+9x_{22}+2x_{23}+8x_{24}+7x_{31}+4x_{32}+10x_{33}+5x_{34}$

约束条件为:

①满足产地产量(三个产地的产品都要全部配送出去);

②满足销地销量(四个销地的产品都要全部得到满足);

③非负。

$$\min(z)=3x_{11}+11x_{12}+3x_{13}+10x_{14}+x_{21}+9x_{22}+2x_{23}+8x_{24}+7x_{31}+4x_{32}+10x_{33}+5x_{34}$$

$$\begin{cases} x_{11}+x_{12}+x_{13}+x_{14}=7 \\ x_{21}+x_{22}+x_{23}+x_{24}=4 \\ x_{31}+x_{32}+x_{33}+x_{34}=9 \\ x_{11}+x_{21}+x_{31}=3 \\ x_{12}+x_{22}+x_{32}=6 \\ x_{13}+x_{23}+x_{33}=5 \\ x_{14}+x_{24}+x_{34}=6 \\ x_{ij}\geq 0(i=1,2,3;j=1,2,3,4) \end{cases}$$

运输问题是一种特殊的线性规划问题，一般采用"表上作业法"求解运输问题（如图7-2），但Excel的规划求解还是采用单纯形法来求解。

	A	B	C	D	E	F	G	H	I
1	例4.1								
2									
3		单位运价	销地B1	销地B2	销地B3	销地B4			
4		产地A1	3	11	3	10			
5		产地A2	1	9	2	8			
6		产地A3	7	4	10	5			
7									
8		运输量	销地B1	销地B2	销地B3	销地B4	实际产量		产量
9		产地A1	2	0	5	0	7	=	7
10		产地A2	1	0	0	3	4	=	4
11		产地A3	0	6	0	3	9	=	9
12		实际销量	3	6	5	6			
13			=	=	=	=			总费用
14		销量	3	6	5	6			85

图7-2 电子表格求解该运输问题

7.2 对各种运输问题的变形进行建模

现实生活中符合产销平衡运输问题的每一个条件的情况很少。一个特征近似，但其中的一个或者几个特征却并不符合产销平衡运输问题条件的运输问题却经常出现。

下面是要讨论的一些特征：

（1）总供应大于总需求。每一个供应量（产量）代表了从其出发地中配送出去的最大数量（而不是一个固定的数值）。

（2）总供应小于总需求。每一个需求量（销量）代表了在其目的地中所接收到的最大数量（而不是一个固定的数值）。

（3）一个目的地同时存在最小需求和最大需求，于是所有在这两个数值之间的数量都是可以接收的。

（4）在配送中不能使用特定的出发地—目的地组合（$x_{ij}=0$）。

（5）目标是使与配送数量有关的总利润最大而不是使总成本最小。

产大于销（供过于求）运输问题的数学模型为：

$$\sum_{i=1}^{m} a_i > \sum_{j=1}^{n} b_j$$

以满足小的销量为目标的运输问题的数学模型为：

$$\min(z) = \sum_{i=1}^{m} \sum_{j=1}^{n} c_{ij} x_{ij}$$

$$\begin{cases} \sum_{j=1}^{n} x_{ij} \leq a_i \ (i=1, 2, \cdots, m) \\ \sum_{i=1}^{m} x_{ij} = b_j \ (j=1, 2, \cdots, n) \\ x_{ij} \geq 0 \ (i=1, 2, \cdots, m; j=1, 2, \cdots, n) \end{cases}$$

销大于产（供不应求）运输问题的数学模型为：

$$\sum_{i=1}^{m} a_i < \sum_{j=1}^{n} b_j$$

以满足小的产量为目标的运输问题的数学模型为：

$$\min(z) = \sum_{i=1}^{m} \sum_{j=1}^{n} c_{ij} x_{ij}$$

$$\begin{cases} \sum_{j=1}^{n} x_{ij} = a_i \ (i=1, 2, \cdots, m) \quad （产量约束）\\ \sum_{i=1}^{m} x_{ij} \leq b_j \ (j=1, 2, \cdots, n) \quad （销量约束）\\ x_{ij} \geq 0 \ (i=1, 2, \cdots, m; j=1, 2, \cdots, n) \end{cases}$$

7.3 运输问题变形的一些其他应用

某公司决定使用三个有生产余力的工厂进行四种新产品的生产。表7-2给出了每种产品在不同工厂中的单位成本，以及各工厂每天生产的每种产品的数量，每种产品每天的需求量。每家工厂都可以制造这些产品，除了工厂2不能生产产品3以外。问在哪个工厂生产哪种产品，可使总成本最小？

表 7-2 产品生产的有关数据

工厂	单位成本（元）				生产能力
	产品 1	产品 2	产品 3	产品 4	
工厂 1	41	27	28	24	78
工厂 2	40	29		23	70
工厂 3	38	30	27	22	40
需求量	25	35	30	40	

（1）如果允许产品的生产分解，请建模并求解。

（2）如果不允许产品的生产分解，请建模并求解。

分析：（1）如果允许产品的生产分解，可以将生产产品问题看作运输问题来求解。

三个工厂的总产量为78+70+40=188；四种产品的总需求量为：25+35+30+40=130。由于总产量大于总需求量，所以该问题是一个供大于求的运输问题。

① 决策变量

设x_{ij}为工厂生产产品的数量（i=1, 2, 3；j=1, 2, 3, 4）。

② 目标函数

本问题的目标函数是使得总成本最小，即

$\min(z)=41x_{11}+27x_{12}+28x_{13}+24x_{14}+40x_{21}+29x_{22}+23x_{24}+38x_{31}+30x_{32}+27x_{33}+22x_{34}$

③ 约束条件

根据表7-2可以写出此问题的约束条件为：

（ⅰ）各厂产量（生产能力）限制

工厂1：$x_{11}+x_{12}+x_{13}+x_{14} \leq 78$

工厂2：$x_{21}+x_{22}+x_{23}+x_{24} \leq 70$

工厂3：$x_{31}+x_{32}+x_{33}+x_{34} \leq 40$

（ⅱ）各种产品需求量的约束

产品1：$x_{11}+x_{21}+x_{31} \leq 25$

产品2：$x_{12}+x_{22}+x_{32} \leq 35$

产品3：$x_{13}+x_{23}+x_{33} \leq 30$

产品4：$x_{14}+x_{24}+x_{34} \leq 40$

（ⅲ）由于工厂2不能生产产品3，所以$x_{23}=0$。

（ⅳ）非负：$x_{ij} \geq 0$（$i=1, 2, 3$；$j=1, 2, 3, 4$）。

所以该供大于求的运输问题的线性规划模型如下：

$\min(z)=41x_{11}+27x_{12}+28x_{13}+24x_{14}+40x_{21}+29x_{22}+23x_{24}+38x_{31}+30x_{32}+27x_{33}+22x_{34}$

$$\begin{cases} \sum_{j=1}^{4} x_{1j} \leq 78 & \sum_{i=1}^{3} x_{i1} \leq 25 & \sum_{i=1}^{3} x_{i4} \leq 40 \\ \sum_{j=1}^{4} x_{2j} \leq 70 & \sum_{i=1}^{3} x_{i2} \leq 35 & x_{23}=0 \\ \sum_{j=1}^{4} x_{3j} \leq 40 & \sum_{i=1}^{3} x_{i3} \leq 30 & x_{ij} \geq 0 \, (i=1, 2, 3; j=1, 2, 3, 4) \end{cases}$$

（2）如果不允许产品的生产分解，可以将该问题视为指派工厂生产产品问题，工厂可以看作指派问题中的人，产品则可以看作需要完成的工作（任务）。由于有四种产品和三个工厂，所以就有两个工厂各只能生产一种新产品，第三个工厂生产两种新产品。只有工厂1和工厂2有生产两种产品的能力。

这里涉及如何把运输问题转换为指派问题，关键是数据转换。

● 单位指派成本：原来的单位成本转换成整批成本（单位成本×需求量），即单位指派成本为每个工厂生产每种产品的成本。

● 供应量和需求量的转换问题：三个工厂生产四种产品，但一种产品只能在一个工厂生产，根据生产能力，工厂3只能生产一种产品（供应量为1），而工厂1和工厂2可以生产两种产品（供应量为2），而产品的需求量为

1。还有"总供应（2+2+1=5）>总需求（1+1+1+1=4）"，为人多事少的指派问题。

① 决策变量

设x_{ij}为指派工厂i是否生产产品j的决策变量（i=1, 2, 3；j=1, 2, 3, 4）。

② 目标函数

本问题的目标函数是使得总成本最小，即：

$$\min (z)= 41\times25x_{11}+27\times35x_{12}+28\times30x_{13}+24\times40x_{14}+40\times25x_{21}+29\times35x_{22}+23\times40x_{24}+38\times25x_{31}+30\times35x_{32}+27\times30x_{33}+22\times40x_{34}$$

③ 约束条件

（ⅰ）工厂1和工厂2最多只能生产两种产品，工厂3只能生产一种产品，即：

$$工厂1：x_{11}+x_{12}+x_{13}+x_{14}=2$$
$$工厂2：x_{21}+x_{22}+x_{24}=2$$
$$工厂3：x_{31}+x_{32}+x_{33}+x_{34}=1$$

（ⅱ）由于一种产品只能由一个工厂生产，所以：

产品1：$x_{11}+x_{21}+x_{31}=1$（x_{11},x_{21},x_{31}中只有一个为1，其余为0）

产品2：$x_{12}+x_{22}+x_{32}=1$（x_{12},x_{22},x_{32}中只有一个为1，其余为0）

产品3：$x_{13}+x_{33}=1$（x_{13},x_{33}中只有一个为1，其余为0）

产品4：$x_{14}+x_{24}+x_{34}=1$（x_{14},x_{24},x_{34}中只有一个为1，其余为0）

（ⅲ）由于工厂2不能生产产品3，所以x_{23}=0。

（ⅳ）x_{ij}为非负变量：$x_{ij} \geq 0$（i=1, 2, 3；j=1, 2, 3, 4）。

所以该指派问题的线性规划模型如下：

$$\min (z)= 41\times25x_{11}+27\times35x_{12}+28\times30x_{13}+24\times40x_{14}+40\times25x_{21}+29\times35x_{22}+23\times40x_{24}+38\times25x_{31}+30\times35x_{32}+27\times30x_{33}+22\times40x_{34}$$

解：运输问题求解的电子表格设计、目标单元格设置、数据单元格设置、约束条件设置、规划求解参数设置、规划求解系统参数设置见图7-3，表7-3至表7-5，图7-4，图7-5。

（1）运输问题求解

	A	B	C	D	E	F	G	H	I
3		单位成本	产品1	产品2	产品3	产品4			
4		工厂1	41	27	28	24			
5		工厂2	40	29	—	23			
6		工厂3	38	30	27	22			
7									
8		日产量	产品1	产品2	产品3	产品4	实际产量		生产能力
9		工厂1	0	35	30	0	65	<=	78
10		工厂2	0	0	0	25	25	<=	70
11		工厂3	25	0	0	15	40	<=	40
12		实际销量	25	35	30	40			
13			=	=	=	=			总成本
14		产品需求量	25	35	30	40			3640

图 7-3　电子表格设计

表 7-3　目标单元格设置

单元格	I
13	总成本
14	=SUMPRODUCT(C4:F6, C9:F11)

表 7-4　数据单元格设置

单元格	G
8	实际产量
9	=SUM(C9:F9)
10	=SUM(C10:F10)
11	=SUM(C11:F11)

表 7-5　约束条件设置

单元格	B	C	D	E	F
12	实际销量	=SUM(C9:C11)	=SUM(D9:D11)	=SUM(E9:E11)	=SUM(F9:F11)

图 7-4 规划求解参数设置

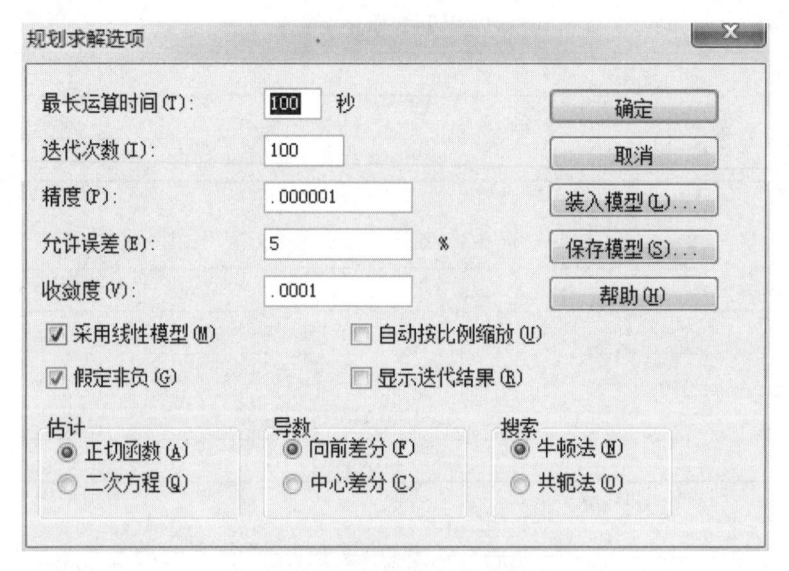

图 7-5 规划求解系统参数设置

指派问题求解的电子表格设计、目标单元格设置、数据单元格设置、约束条件单元格设置、规划求解参数设置、规划求解系统参数设置见图7-6、表7-6至表7-9、图7-7、图7-8。

	A	B	C	D	E	F	G	H	I
1			(2)指派问题求解						
2									
3		单位成本	产品1	产品2	产品3	产品4			
4		工厂1	41	27	28	24			
5		工厂2	40	29	—	23			
6		工厂3	38	30	27	22			
7									
8		产品需求量	25	35	30	40			
9									
10		日成品	产品1	产品2	产品3	产品4			
11		工厂1	1025	945	840	960			
12		工厂2	1000	1015	—	920			
13		工厂3	950	1050	810	880			
14									
15		指派	产品1	产品2	产品3	产品4	实际指派		供应量
16		工厂1	0	1	1	0	2	<=	2
17		工厂2	0	0	0	1	1	<=	2
18		工厂3	1	0	0	0	1	=	1
19		实际分配	1	1	1	1			
20			=	=	=	=			总成本
21		需求量	1	1	1	1			3655

图 7-6　规划求解结果

表 7-6　目标单元格设置

单元格	I
20	总成本
21	=SUMPRODUCT(C11:F13, C16:F18)

表 7-7　数据单元格设置

单元格	工厂	产品 1	产品 2	产品 3	产品 4
11	工厂 1	=C4 × $C$8	=D4 × $D$8	=E4 × $E$8	=F4 × $F$8
12	工厂 2	=C5 × $C$8	=D5 × $D$8	—	=F5 × $F$8
13	工厂 3	=C6 × $C$8	=D6 × $D$8	=E6 × $E$8	=F6 × $F$8

表 7-8　约束条件单元格设置 1

单元格	G
15	实际指派
16	=SUM(C16:F16)
17	=SUM(C17:F17)
18	=SUM(C18:F18)

表 7-9 约束条件单元格设置 2

单元格	B	C	D	E	F
19	实际分配	=SUM(C16:C18)	=SUM(D16:D18)	=SUM(E16:E18)	=SUM(F16:F18)

图 7-7 规划求解参数设置

图 7-8 规划求解系统参数设置

7.4 指派问题的特征

在工作的时候，常常需要对一些人进行工作安排，由于某些条件的限制，每个人只能进行一种工作，怎么安排才能使得总工作时间最小。我们把这一类问题称为指派问题。这里只对人和工作刚好一对一的指派问题的解法进行总结。

以下是目前问题解法的总结。

7.4.1 最广泛应用的解法：匈牙利算法

算法简介：库恩（W. W. Kuhn）于1955年提出了指派问题的解法。他引用了匈牙利数学家康尼格一个关于矩阵中0元素的定理：系数矩阵中独立0元素的最多个数等于覆盖所有0元素的最少直线数。这个解法称为匈牙利解法。

算法分析：匈牙利算法虽是运用最广泛的算法，但其操作过程却过于复杂。在划0的时候也不方便记忆，对于初学者来说掌握不便，于是国内很多学者对指派问题给出了几个较简单、方便易记的算法。

7.4.2 指派问题新解法——目标值子矩阵法

算法描述：任取变量矩阵X某一行中的最小元素，为该行元素目标值的最优解（但不一定是系统目标函数的最优解），应该是系统目标函数满意解中的一个元素，记作a_{11}，划去a_{11}所在的行和列，取剩下的子矩阵中某一行的最小元素，记作a_{22}。依次类推，直到最后一个元素a_{nn}。这些元素相加得系统目标函数的一个满意解，此为一次运算。第二次运算取变量矩阵X中含a以外的任一行，做与上面相同运算，又可以得到系统的第二个满意解。相同的，对于n行做n次运算，共得到系统的n个满意解，系统的最优解即应该是这n个满意解当中的最小值。若第i的最小元素在前面已被取用过，则在进行第i的运算时，不选取该元素，取该行中未被选用过的元素中最小的一个进行运算。

算法分析：相对于匈牙利算法，此算法简单，方便操作。但不能给出所有最优解，得出的最优解唯一，若要给出全部最优解，则算法的次数将大大增加。

当矩阵维数较大的时候，可以对矩阵进行划分，以更快计算。

7.4.3 递归思想在指派问题中的运用

算法描述：目标函数的解，等于 $\min\{a_1+A_1,\ a_2+A_2,\ a_3+A_3,\ \cdots,\ a_n+A_n\}$。

其中 a_i 为第一行中的第 i 个元素，A_i 为除去第 i 个元素所在行和列的子矩阵。而求 $\min(a_1+A_1)$ 就相当于对 A_1 求最小值，这就又回到了指派问题的求解，只是降了一阶；依次递归，直到只剩下 2×2 的矩阵，这时候就可以取对角线最小的值。依次往回带，就可以得到最优解。

算法分析：算法思路简单明了，但由于算法步骤烦琐，并不适合于手动计算，算法时间复杂度高，但较适合于计算机编程，能给出所有的最优解。

7.4.4 指派问题的树算法

算法描述：首先给出一种可行的解，得出其目标函数值，然后再对所有的可行解进行画树，若未画完的分支比第一次给出的目标函数值大，则已经不必再画下去，依次画树，直到所有的可能都画完，此时记录的目标函数值即为最优解，所有最优解都已画在树里。

算法分析：同递归分析一样，思路简单，但操作都相对复杂烦琐，并不适合手动计算，较适合编程运算。

7.5 对指派问题变形的建模

有4个工人，要指派他们分别完成4种工作，每人做各种工作所消耗的时间如表7-10所示，问指派哪个人去完成哪种工作，可使总的消耗时间为最小？

表 7-10　各位工人工作时间参数

工种	A	B	C	D
甲	15	18	21	24
乙	19	23	22	18
丙	26	17	16	19
丁	19	21	23	17

第一步：使指派问题的系数矩阵经变换后，在各行各列都出现0元素。

（1）从系数矩阵的每行元素间减去该列的最小元素。

（2）再从所得系数矩阵的每列元素中减去该列的最小元素。

$$(C_{ij}) = \begin{bmatrix} 15 & 18 & 21 & 24 \\ 19 & 23 & 22 & 18 \\ 26 & 17 & 16 & 19 \\ 19 & 21 & 23 & 17 \end{bmatrix} \begin{matrix} \min \\ 15 \\ 18 \\ 16 \\ 17 \end{matrix} \Rightarrow \begin{bmatrix} 0 & 3 & 6 & 9 \\ 1 & 5 & 4 & 0 \\ 10 & 1 & 0 & 3 \\ 2 & 4 & 6 & 0 \end{bmatrix} \Rightarrow \begin{bmatrix} 0 & 2 & 6 & 9 \\ 1 & 4 & 4 & 0 \\ 10 & 0 & 0 & 3 \\ 2 & 3 & 6 & 0 \end{bmatrix} = (b_{ij})$$

$$\begin{matrix} 1 & 0 & 0 & \min \end{matrix}$$

第二步：进行试指派，以求最优解。

独立0元素：

$$\begin{bmatrix} ⓪ & 2 & 6 & 9 \\ 1 & 4 & 4 & ⓪ \\ 10 & ⓪ & ⓪ & 3 \\ 2 & 3 & 6 & ⓪ \end{bmatrix}$$

第三步：作能覆盖所有0元素的最少数量直线集合：从只有一个零元素的行开始，覆盖该行中的0元素，记作△。然后划去△所在列的其他0元素；再从只有一个0元素的列开始，覆盖该列中的0元素，记作△，然后划去△所在行的其他0元素。

（1）对没有△的行打√；

（2）对已打√的行中所有0元素的所在列打√；

（3）再对打有√的列中0元素的所在行打√；

（4）重复步骤2、步骤3直到得不出新的打√的行（列）为止；

（5）对没有打√的行画一横线，对打√的列画一纵线，这就得到覆盖所有0元素的最少直线数。

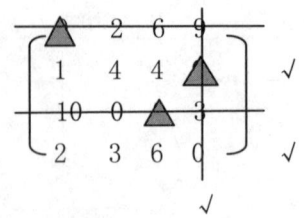

$$\begin{bmatrix} ▲ & 2 & 6 & 9 \\ 1 & 4 & 4 & ▲ \\ 10 & 0 & ▲ & 3 \\ 2 & 3 & 6 & 0 \end{bmatrix}$$

所画▲0元素少于 n，未得到最优解。

第四步：未被直线覆盖的最小元素为 C_{ij}，在未被直线覆盖处减去 C_{ij}，在直线交叉处加上 C_{ij}。

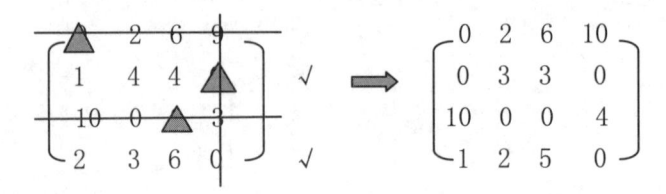

$$\begin{bmatrix} ▲ & 2 & 6 & 9 \\ 1 & 4 & 4 & ▲ \\ 10 & 0 & ▲ & 3 \\ 2 & 3 & 6 & 0 \end{bmatrix} \Rightarrow \begin{bmatrix} 0 & 2 & 6 & 10 \\ 0 & 3 & 3 & 0 \\ 10 & 0 & 0 & 4 \\ 1 & 2 & 5 & 0 \end{bmatrix}$$

得到最小 $C_{ij}=1$。

第五步：重复第三步和第四步。

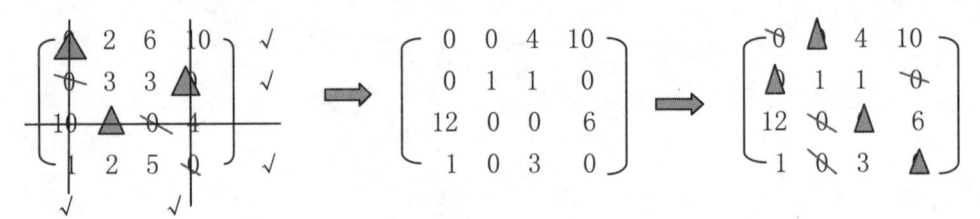

$$\begin{bmatrix} ▲ & 2 & 6 & 10 \\ 0 & 3 & 3 & ▲ \\ 10 & ▲ & 0 & 4 \\ 1 & 2 & 5 & 0 \end{bmatrix} \Rightarrow \begin{bmatrix} 0 & 0 & 4 & 10 \\ 0 & 1 & 1 & 0 \\ 12 & 0 & 0 & 6 \\ 1 & 0 & 3 & 0 \end{bmatrix} \Rightarrow \begin{bmatrix} 0 & ▲ & 4 & 10 \\ ▲ & 1 & 1 & 0 \\ 12 & 0 & ▲ & 6 \\ 1 & 0 & 3 & ▲ \end{bmatrix}$$

得到最小 $C_{ij}=2$。

$$最优解 = \begin{bmatrix} 0 & 1 & 0 & 0 \\ 1 & 0 & 0 & 0 \\ 0 & 0 & 1 & 0 \\ 0 & 0 & 0 & 1 \end{bmatrix}$$

总耗时=18+19+16+17=70（小时）。

第8章 网络最优化问题

网络在各种实际背景问题中以各种各样的形式存在，交通、电子和通信网络遍布日常生活的各个方面，所产生的网络优化也广泛用于解决不同领域中的各种问题，如生产、分配、项目计划、厂址选择、资源管理和财务策划等。实际上，网络规划为描述系统各组成部分之间的关系提供了非常有效的直观和概念上的帮助，广泛用于科学、社会和经济活动的每个领域中。

网络优化问题在处理管理问题时特别有用，许多网络优化问题实质上是线性规划问题的特殊类型。运输问题是网络优化的典型应用，它是社会经济生活中经常出现的优化问题，是特殊的线性规划问题，也是早期的线性网络最优化的一个例子。运输问题不仅代表了物资合理调运、车辆合理调度等问题，有些其他类型的问题经过适当变换后也可以归结为运输问题，如指派问题、最短路问题、最小费用流问题可转化为运输问题或转运问题。

关于图论[1]

图论是一个古老的但又十分活跃的分支，它是网络技术的基础。图论的创始人是数学家欧拉。1736年他发表了图论方面的第一篇论文，解决了著名的哥尼斯堡七桥难题，相隔一百年后，在1847年基尔霍夫第一次应用图论的原理分析电网，从而把图论引入工程技术领域。20世纪50年代以来，图论的理论得到了进一步发展，将复杂庞大的工程系统和管理问题用图描述，可以解决很多工程设计和管理决策的最优化问题，如完成工程任务的时间最少、距离最短、费用最省等。图论受到数学、工程技术及经营管理等各方面越来越广泛的重视。

---

[1] 李冰. 图论的起源和发展 [J]. 大众文艺, 2010（9）: 34-35.

8.1 最小费用流问题

网络流直观上可以理解为某种物资从网络的某些节点输送到另一些节点，而在网络中形成流。最小费用流问题就是在容量、费用网络中寻找满足节点供需要求的总费用最小的可行流。其数学规划模型为：

$$d_i = \begin{cases} 1 & i = s \\ -1 & i = t \\ 0 & i \neq s, t \end{cases}$$

$$\begin{cases} \sum_{(i,j) \in A} x_{ij} - \sum_{(j,i) \in A} x_{ji} = d_i & \forall i \in V \\ 0 \leq x_{ij} \leq u_{ij} & \forall (i,j) \in A \end{cases}$$

注：最小费用流问题可以归结为一个线性规划问题；这个问题的可行域非空的必要条件是 $\sum_{i \in V} d_i = 0$，称为供需平衡条件。

若网络中只有一个源节点、一个汇节点，其余均为转运点，则称之为单源、单汇网络。经典的最小费用流问题就是考虑单源、单汇网络，即考虑从起点 s 到终点 t 流量为 v 的最小费用流问题。

8.2 最小费用流问题的扩展

最小费用流问题是网络最优化中的一个核心问题，许多网络优化问题都是最小费用流问题的特例。

8.2.1 最短路问题

在一个有向网络中，若已知弧 (i,j) 的长度为 d_{ij}，$\forall (i,j) \in A$，求网络中从 s 到 t 的最短路，它可化为最小费用流问题。具体地，令：

$$d_i = \begin{cases} 1 & i = s \\ -1 & i = t \\ 0 & i \neq s, t \end{cases}$$

各弧段容量上限为：
$$u_{ij} = 1 \quad \forall (i, j) \in A$$
各弧段单位流量的费用为：
$$c_{ij} = d_{ij} \quad \forall (i, j) \in A$$

对如此设定的容量、费用网络，求最小费用流问题，其最小费用流所经过的路线就对应着从 s 到 t 的最短路。

8.2.2 最大流问题

设 s 和 t 分别为最大流问题中对应的起点、终点，则最大流问题可通过如下方式化为最小费用流问题：增加从 t 到 s 的弧（t, s），令 $c_{ts} = -1$，$u_{ts} = +\infty$；而令所有其他弧上的费用为 $c_{ij} = 0, \forall (i, j) \in A$；所有节点供需量 $d_i = 0, \forall i \in V$。求对应的最小费用流问题，则弧段（t, s）上的流量 x_{st} 就是最大流。

8.2.3 运输问题

在最小费用流问题中，若只有 m 个发点，n 个收点，且不存在转运点。设从第 i 个发点到第 j 个收点的单位费用为 c_{ij}，发点的供给量为 a_i（i=1, 2, …, m），收点的需求量为 b_j（j=1, 2, …, n），则运输问题对应的数学规划模型为：

$$\min \sum_{i=1}^{m} \sum_{j=1}^{n} c_{ij} x_{ij}$$

$$\begin{cases} \sum_{j=1}^{n} x_{ij} = a_i & (i = 1, \cdots, m) \\ \sum_{i=1}^{m} x_{ij} = b_j & (j = 1, \cdots, n) \\ 0 \leq x_{ij} \leq u_{ij} & (i = 1, \cdots, m; j = 1, \cdots, n) \end{cases}$$

8.2.4 指派问题（$a_i = b_j = 1, m = n$）

$$\min \sum_{i=1}^{n} \sum_{j=1}^{n} c_{ij} x_{ij}$$

$$\begin{cases} \sum_{j=1}^{n} x_{ij} = 1 & (i = 1, \cdots, n) \\ \sum_{i=1}^{n} x_{ij} = 1 & (j = 1, \cdots, n) \\ x_{ij} = 0, 1 & (i, j = 1, \cdots, n) \end{cases}$$

由于上述0-1型线性规划问题中，约束矩阵为全单位模矩阵，故它等价于：

$$\min \sum_{i=1}^{n} \sum_{j=1}^{n} c_{ij} x_{ij}$$

$$\begin{cases} \sum_{j=1}^{n} x_{ij} = 1 & (i = 1, \cdots, n) \\ \sum_{i=1}^{n} x_{ij} = 1 & (j = 1, \cdots, n) \\ x_{ij} \geq 0 & (i, j = 1, \cdots, n) \end{cases}$$

以上讨论的最小费用流问题，均具有如下特征：

（1）当一定的流量经过一条弧时，所产生的费用是流量的线性函数；

（2）当一定的流量经过一条弧时，流出的流量与流进该弧的流量相等，即在弧上不产生增益或耗损。

因此，最小费用流问题可以沿下述方向拓展：

（1）弧段费用为流量的非线性函数，即非线性最小费用流问题；

（2）弧段带有增益（或耗损）网络的最小费用流问题；

（3）节点带有增益（或损耗）网络的最小费用流问题。

8.3 最大流问题

单源、单汇网络$N=(V, A, U, D)$，在此网络中存在唯一的源点s和唯一的汇点t，其他的点均为转运点。若网络中存在可行流x，则称d_s（或$-d_t$）为流x的流量。

对于这种单源、单汇网络，若不给定d_s和d_t，则对应的网络为$N=w(s, t, V, A, U)$。最大流问题就是在网络$N=(s, t, V, A, U)$中求流值最大的s-t可行流。

根据最大流问题的提法，不难写出其数学规划模型：

$$\max(v)$$
$$\begin{cases} \sum_{(i,j)\in A} x_{ij} - \sum_{(j,i)\in A} x_{ji} = \begin{cases} v & i=s \\ -v & i=t \\ 0 & i\neq s, t \end{cases} \\ 0 \leq x_{ij} \leq u_{ij}, \quad \forall (i,j) \in A \end{cases}$$

这是一个线性规划问题。

一个可行流x为最大流的充要条件是不存在增广路。

设x是流网络$N=(s, t, V, A, U)$中给定的可行流，P是一条s-t路，P中满足下述条件之一的弧(i, j)称为增广弧：

（1）弧(i, j)是P的前向弧，即$(i, j) \in P^+$且为不饱和弧（$x_{ij} < u_{ij}$）；

（2）弧(i, j)是P的反向弧，即$(i, j) \in P^-$且为非零弧（$x_{ij} > 0$）。

若P中所有弧都是增广弧，则称P为关于流x的增广路，简称增广路。根据增广路定理，为了得到最大流，我们可以从任何一个可行流开始，沿增广路对可行流增广，直到网络中不存在增广路为止，这样的算法称为增广路算法。如何有效地找到增广路自然成为这类算法的关键。

某城市有七个供水加压站，分别用节点V_S、节点V_1、…、节点V_T表示，见图8-1。其中节点V_S为水厂，各泵间现有的管网用相应节点间的弧表示。现规划在节点V_T处建一个开发区，经过现有管网调查，各段管网尚可增加的供水能力（万吨/日）见图8-2中弧上的数值。依照现有管网状况，从水厂V_S到开发区V_T，每日最多可提供多少供水量？

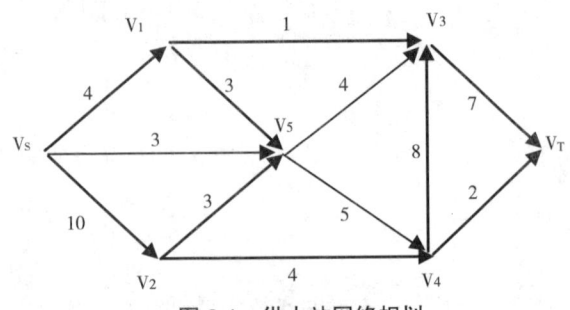

图 8-1 供水站网络规划

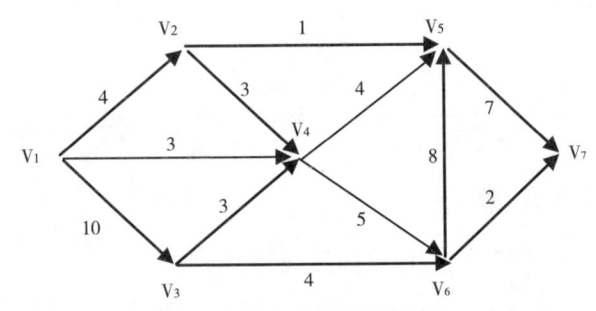

图 8-2 供水站网络规划设置

解：设X_{ij}为弧（i,j）上的水流量，则有

$$\max(X_{12}+X_{13}+X_{14})$$

$$\begin{cases} X_{12}+X_{13}+X_{14}-X_{57}-X_{67}=0 \\ X_{12}-X_{24}-X_{25}=0 \\ X_{13}-X_{34}-X_{36}=0 \\ X_{14}+X_{24}+X_{34}-X_{45}-X_{46}=0 \\ X_{25}+X_{45}+X_{65}-X_{57}=0 \\ X_{36}+X_{46}-X_{65}-X_{67}=0 \end{cases}$$

$$0 \leqslant X_{ij} \leqslant C_{ij} \ (i, j=1, 2, \cdots, 7)$$

模型中C_{ij}为各条弧上的容量。

8.4 最短路问题

设 $N=(V, A, W)$ 是一个有向网络，其中 V 为顶点集，A 为弧集，W 为定义在 A 上的弧段费用函数，即 $\forall a=(i,j)\in A$，$W(a)$ 表示弧段 a 的弧长或费用，也常记为 w_{ij}。对于网络中的任意两个顶点 $s, t\in V$，以 s 为起点 t 为终点的有向路称为 s-t 有向路，在所有的 s-t 有向路中权最小的一条，称为由 s 到 t 的最短路。

最长路：权最大的路称为最长路。若将网络上各弧段的费用取相反值，即可将最长路问题化为最短路问题。

设网络 $N=(V, A, W)$ 上的回路（有向圈，或闭的有向路）的全体为 $\{c_1, c_2, \dots, c_r\}$，令

$$a_{ij}^{(k)} = \begin{cases} 1 & (i,j)\in A(c_k) \\ 0 & (i,j)\in A\setminus A(c_k) \end{cases} \quad (k=1,2,\cdots,r)$$

则上述 N 上最短 s-t 路可以表示为如下整数线性规划问题：

$$\min \sum_{(i,j)\in A} w_{ij} x_{ij}$$

$$\begin{cases} \sum_{(i,j)\in A} x_{ij} - \sum_{(j,i)\in A} x_{ji} = \begin{cases} 1 & (i=s) \\ -1 & (i=t) \\ 0 & (i\neq s,t) \end{cases} \\ \sum_{(i,j)\in A} a_{ij}^{(k)} \leq |A(c_k)|-1 \quad (k=1,2,\cdots,r) \\ x_{ij}=0,1 \quad \forall (i,j)\in A \end{cases}$$

这是一个 0-1 型整数规划问题，第二组约束是保证有向途径不包含回路，从而使上述问题的可行解对应一条 s-t 有向路。

假设某电话公司计划在七个村庄架设电话线，各村庄之间的距离如图8-3所示。试求出使电话线总长度最小的架线方案。

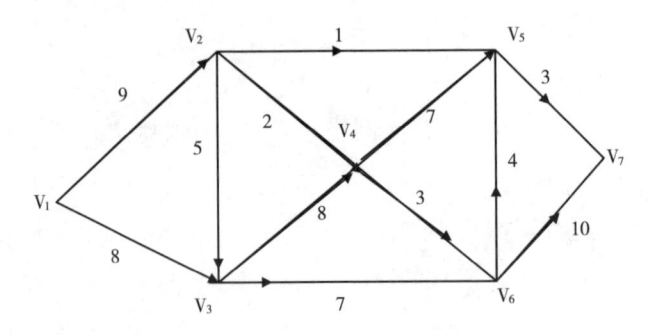

图 8-3 各村电话架线网络规划

解：对应每条弧（V_i，V_j），设定一个0-1变量X_{ij}，令X_{ij}=1或0，当（V_i，V_j）在所求最短路内，X_{ij}=1；否则X_{ij}=0。$V_{ij}= a_{ij}$，V_{ij}为村V_i到村V_j的架线成本，相应的整数规划模型为：

$$\min(Z) = \sum a_{ij} x_{ij}$$

目标函数表示始点到终点的有向路的长度最小：

$$\begin{cases} x_{12}+x_{13}=1 \\ x_{12}=x_{23}+x_{24}+x_{25} \\ x_{13}+x_{23}=x_{34}+x_{36} \\ x_{24}+x_{34}=x_{45}+x_{46} \\ x_{25}+x_{45}+x_{64}=x_{57} \\ x_{36}+x_{46}=x_{65}+x_{67} \\ x_{ij}=0,1 \end{cases}$$

该模型的约束条件分别表示两条弧只有一条在最短路内，对于中间点，最短路进入该点的充要条件是最短路从该点出来，蕴涵了$x_{57}+x_{67}=1$，$x_{25}+x_{45}+x_{36}+x_{46}=1$等约束条件，如图8-3所示。

8.5 最小支撑树问题

许多实际问题都可以归结为最小生成树。例如，如何修筑一些公路把若干个城镇连接起来；如何架设通信网络将若干个地区连接起来；如何修筑水渠将水源和若干块待灌溉的土地连接起来等。为了说明问题，以下面的问题作为范例。

假设某电话公司计划在六个村庄架设电话线，各村庄之间的距离如图8-4所示，试求出使电话线总长度最小的架线方案。为了便于求解，特作如下规定：①节点V_1表示树根；②当两个节点之间没有线路时，规定两个节点之间的距离为M（较大的值）。

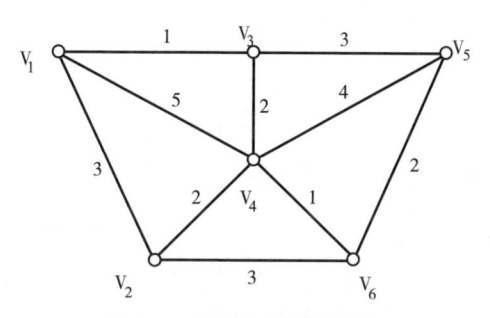

图 8-4　各村电话架线网络

MST的整数规划模型如下：

对每条边i,j，令$X_{ij}=1$，边i,j包含在最小部分树内；$X_{ij}=0$，边i,j不包含在最小部分树内。$V_{ij}=a_{ij}$，$i<j$，则

$$\min(Z) = \sum a_{ij} \times X_{ij}$$

$$\begin{cases} \sum x_{ij}=6 \\ x_{12}+x_{13}+x_{23} \leqslant 2 \\ x_{14}+x_{13}+x_{35}+x_{45} \leqslant 3 \\ x_{14}+x_{12}+x_{26}+x_{46} \leqslant 3 \\ \quad\quad\vdots \\ x_{ij}=0,\ 1 \end{cases}$$

数学规划作为一门新兴学科，一门处于发展时期的学科，在理论研究和应用研究的诸多方面，无论从广度和深度来说都有着无限广阔的前景。现在的问题是，运筹学今后究竟应该朝哪个方向发展？这是数学规划界普遍关心的问题，从20世纪70年代起就在西方引起过争论，至今还没有一个统一的结论。运筹学在70年代已形成一个强有力的分支，对问题的数学描述已相当完善，却忘掉了数学规划的原有特色，忽视了对多学科的横向交叉联系和解决实际问题的研究。现在，数学规划工作者面临的大量新问题是：经济、技术、社会、生态和政治因素交叉在一起的复杂系统。所以20世纪70年代末80年代初，不少数学规划家提出"要注意研究大系统"，"要从数学规划到系统分析"。由于研究大系统的时间范围有可能很长，还必须与未来学紧密结合起来，面临的问题大多是涉及技术、经济、社会、心理等综合因素，因此在数学规划中除了常用的数学方法，还引入了一些非数学的方法和理论。如美国数学规划家萨迪（T.L. Saaty）于20世纪70年代末期提出的层次分析法（AHP），可以看作是解决非结构问题的一个尝试。针对这种状况，切克兰德（P.B. Checkland）从方法论上对此进行了划分。他把传统的数学规划方法称为硬系统思考，认为它适合解决那种结构明确的系统的战术及技术问题，而对于结构不明确的、有人参与活动的系统就要采用软系统思考的方法。借助电子计算机，研究软系统的概念和运用方法应是今后数学规划发展的一个方向。

第 9 章　仓库选址案例分析

9.1　北京锦绣大地物流港基本简介

北京锦绣大地物流港是由北京锦绣大地农业股份有限公司投资建设，它处于北京锦绣大地农业科技及商业园区的中心位置。2005年9月，北京锦绣大地物流港正式召开揭幕仪式。近几年来，北京锦绣大地物流港在公司旗下锦绣大地农副产品市场旺盛的人气的作用下，锦绣大地物流港的商业聚集度不断提高，如今已逐渐发展为集商贸与物流运作为一体的物流基地。北京锦绣大地物流港是华北地区最大的酒店用品、名优酒水、进出口食品交易平台，也是北京地区最大的绿色安全食品、水产品、干货、调料等交易市场，其中干货、调料的交易量占整个北京市场的70%。北京锦绣大地物流港每年的货物吞吐量达到110多万吨，每年的销售额大约为200亿元，且每年的销售额增长速度为10%左右。经过近几年的快速发展，锦绣大地物流港致力于发展成为中国乃至亚洲超大规模的绿色产业物流基地。

9.1.1　区域分布

北京锦绣大地物流港位于海淀区阜石路（见图9-1），距西五环0.8公里，距西四环3.5公里。

图 9-1　锦绣大地物流港外景

　　锦绣大地物流港总建筑占地面积为50余万平方米，一期建筑面积14万平方米，二期建筑面积达18万平方米。主力商铺单位面积22.40～22.96平方米，商铺数量5000余个。在锦绣大地物流港这个交易平台上，提供一系列包括大型停车场、仓储库存、储运代理、商讯发布、电子商务、金融、保险、结算、展览交流、商务会议、质量认证、产品检测等全方位服务。在锦绣大地物流港商贸中心附近，还充斥着商务公寓、商务酒店、休闲公园、体育中心、银行、邮政、幼儿园等。如今，北京锦绣大地物流港已经成为一个集商贸、展示、交易、物流为一体的大型现代化物流基地。

9.1.2　现有的仓储问题分析

　　首先，商户在商铺内存放的货物不能满足买家大量的需要，因此，商户们随时要将自己的送货车停在物流港内，以便随时取货，而买家等候货物，也将车停放在物流港里。物流港提供的停车位完全不够用，导致这些车只能乱停乱放，影响了倒库车倒库的速度，而在物流港里采货的个体散户只能战战兢兢地走在充满危险的人行道上。

　　其实这个问题完全能解决。物流港里销售最好、商铺数最多的就是干货、调料，而干货、调料的销售一般都是大批量的，大单必须用倒库车运送货物，所以才会造成物流港内大量三轮车乱停。如果物流港内能够建立一个中转库，那么商铺上部堆放货物的现象就将不存在，安全隐患也随之消失。有了中转库，商家就不用负担高昂的店铺租金，物流港内也可以加大干货、调料店铺规模，店铺内存货的商铺也可以更好地利用现有空间，吸引大单客户。有了中转站，倒库车就能有序地存放在一个地方，采买的商户购物方便了，物流港内将不需要停放大量的送货车、取货车，拥堵的现象将不复存在。

第二个最大的问题就是物流港现存的仓库供不应求，迫使商户们租用简陋而没有安全保障的村内仓库。而物流港仓库所处的位置，四周没有出租或出售的地方，因此只能在原有土地面积的基础上扩大仓库库存范围。如果能扩大库存，就能解决物流港内的商户库存不足的问题，商户也就不必冒险租用简易仓库了。

9.2 仓库选址

9.2.1 立体仓库选址

目前，锦绣大地物流港在距离3公里内有一间自有的仓库，占地1.49万平方米，每平方米每天租价1.4元，仅能满足物流港仓储需求的5%。在附近田村路出租的都是一些面积很小的仓库，唯一的大库在四季青，距离较远，而且2000平方米对于物流港这样一间大型建筑，很难满足商户的仓储需求。因此，我们决定在物流港原有平面仓库的土地基础上建造自动化立体仓库，改变现有平面库浪费土地的现状，实现高效仓储（见图9-2）。

物流港的现有建筑面积为26万平方米，根据专家论证，建立仓库的合理比例为1:0.5，即需要新建立体仓库的仓储面积为13万平方米。在立体库设计中，原有占地面积为1.49万平方米，因此为达到13万平方米仓储面积的需求，立体库至少要建7层，才能够满足商户对于仓储的需求。

图 9-2 立体库选址示意

9.2.2 中转库选址

中转库选址就在物流港主楼内部，在每个摊位的正上方。根据我们调研的结果，锦绣大地物流港有商户3000家左右，其中以经营干货、调料为主的约40%的商户需要中转库进行货物的临时仓储和中转，每家商户的中转库面积需求大概在10平方米，所以总占地面积需求在1.2万平方米左右。将中转库设计在摊位的上方，既可以满足商户的临时仓储需求，又可以节省物流港内部的摊位面积。物流港内每个商户平均占用2~3个摊位，其中有约一个摊位的面积用来做临时仓储。我们将中转库搭建在摊位的上方，可以极大地提升空间的利用率，能为地面节省出2000个左右的摊位，这样就可以将3号馆各展厅的商户引入物流港内部，空出3号馆各展厅用于其他用途。中转库是提高倒库效率，增加商户收益的有效形式。

9.3 立体仓库设计

9.3.1 仓库平面布局

考虑到地形以及物流港商户的零散性，仓库的整体平面布局如图9-3。

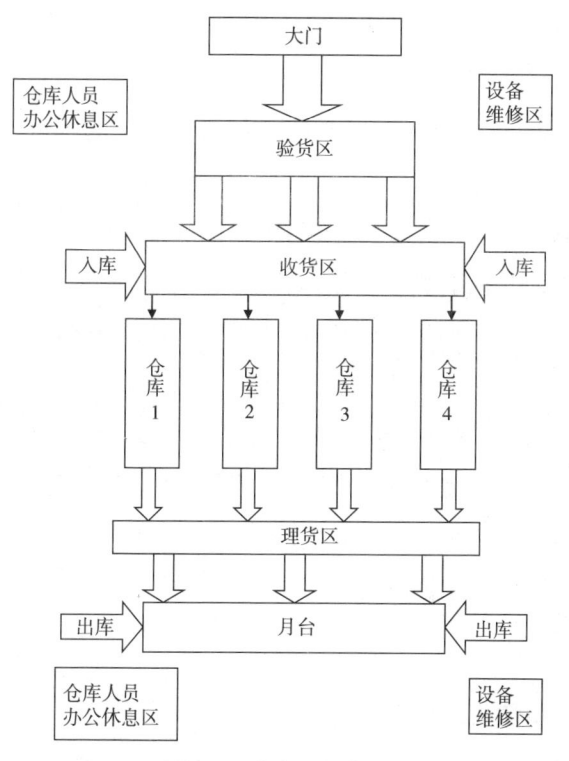

图 9-3　仓库平面布局

在仓库作业设计中，应遵循持续流动原则。产品从入库、保管、出库应是穿过库区、连续向前流动，实现从库区一端入库，在中间部位保管，从另一端运出。减少物流交叉，尽量避免迂回搬运，可以减少出入库移动距离，充分利用储存空间，缩短作业时间，提高效率。

这样我们能够有效地利用这里的地形，提高了土地利用率，同时单向行驶有利于车辆的出入，满足了物流港用户销售的零散性、出货的频繁性。

具体的仓库平面设计为：

（1）每个存储区占地面积60×160平方米，共4个；

（2）收理货区占地面积1200平方米；

（3）出货作业区500平方米；

（4）设备存放/维护区50平方米；

（5）办公区休息区110平方米；

（6）月台总占地面积540平方米；

（7）车通道：在物流中心内部的卡车车道，单线车道宽度为3.5米，双线车道宽度为7米，车道的地板荷重能承担每轴10吨的压力。4个仓库之间及周边共设5条单线车道。

（8）车回转区：在物流中心的卡车回转区，可以使第三方物流车容易停靠月台，卡车回转区的长度根据卡车的不同长度设置，原则上是卡车全长的两倍。例如2吨车为11米，4吨车为13米，11吨车为20米，拖车、货柜车为33米。

（9）遮阳（雨）棚高度及长度：商品对湿度及太阳直射非常敏感，因此进出货的地方必须有足够遮阳（雨）棚的设备。遮阳（雨）棚与月台的高度至少需要3米以上，与地面的高度至少需要4.5米以上，遮阳（雨）棚的长度至少需要5米以上；最好是往内部倾斜，以避免雨水滴落到车厢后被风吹进月台。

9.3.2 仓库的设计框架

9.3.2.1 主存储区

主存储区分为4个小型仓库，每个仓库主存储区的占地面积为60×160=9600平方米。货架的设计高度为7层，每层高1.2米，长2.7米，宽1米（两托盘及托盘与货架之间间隔为0.1米），占地面积为2.7平方米/个，可放置2个托盘，因此货架总高6米，共可放置14个托盘。每个仓库共需货架1900个。为方便设置喷淋系统、通风设备、照明系统及检查、维修，在货架上方预留2.4米的净高（喷淋系统喷头到货架顶端的最小距离为0.3米），仓库设计总高为10.8米。

仓库内的平面布局如图9-4至图9-8所示。

第 9 章 仓库选址案例分析

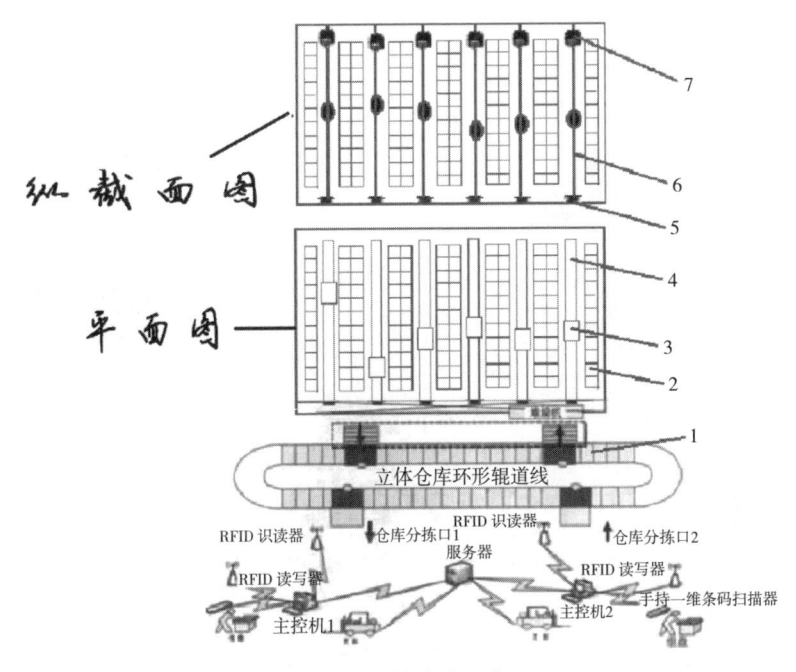

图 9-4 立体仓库示意

注：1. 立体仓库环形辊道线； 2. 货架； 3. 堆垛机； 4. 巷道地轨； 5. 堆垛机底盘； 6. 立柱； 7. 天轨。

图 9-5 仓库货架示意

图 9-6 辊式输送机

图 9-7 巷道式堆垛机　　　　　　　图 9-8 叉车

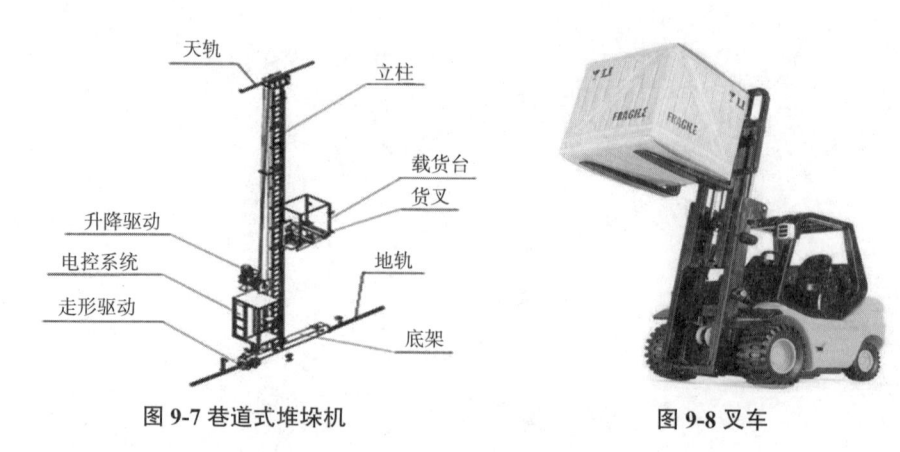

由巷道堆垛机的参数可知，通道的宽度设计为1.1米（堆垛机宽度为托盘宽度1米，堆垛机与两边货架的间隔为0.05米），货架与四周墙壁的距离设为0.5米（为检查、维修预留通道），每相邻两个货架间的间隔设为0.15米，则可摆放20排货架（即需19台巷道堆垛机）。与托盘及堆垛机相配套的输送设备的宽度为1.4米，高度为1米，在堆垛机与输送设备的接口处及输送设备与叉车接口处采用万向输送机，输送设备主体采用辊式输送机。

9.3.2.2 进货／退货作业区

根据调研收集的数据，满足物流港所有商户的需求平均每天的进货量约为450吨，平均每个托盘承重1吨。假设每天进货时间为4.5小时，则每小时运送托盘数450/4.5=100。考虑到作业高峰期的影响，设计该系数为k（k=2.5），则流量峰值为100×2.5=250托盘/小时，占地面积为250×（1.2+0.2）×（1+0.2）=420平方米（假设全部托盘平放在地上，托盘间的间隔为0.2米），假设托盘占地面积占该区域总面积的35%，则该区域的面积为1200平方米。

9.3.2.3 出货作业区

该区域的日流量为300吨，约为300托盘/日，调研知每天的出货时间为7.2小时，则每小时流量为300/7.2=41.67托盘，考虑到作业高峰期的影响，设计该峰值系数为k（k取2.5），则流量峰值为104.16托盘/小时，占地面积为104.16×（1.2+0.2）×（1+0.2）=175平方米（假设全部托盘平放在地上，托盘间的间隔为0.2米），假设托盘占地面积占该区域总面积的35%，则该区域的面积为499.77平方米，取整数得500平方米。

9.3.2.4 拆零分拣区

该区域的最大日分拣量为240件，涉及70个品种，则由轻型货架的规格尺寸可知，该区域需放置4个货架。货架占地面积为$2 \times 0.8 \times 4 = 6.4$平方米，假设该面积占该区域总面积的10%，则该区域的面积为64平方米。考虑到实际工作情况，在该区域配备2名工作人员。

9.3.2.5 设备存放/维护区

该区域主要用来给叉车充电、维修，存放备用及损坏的托盘和其他设备，设置8个叉车停放区域（叉车停放在此区域时将货叉摘下，则叉车最大尺寸为1995毫米×1070毫米）及8个托盘存放区。该区域配备8个工具车，区域面积为50平方米。

9.3.2.6 办公区休息区

办公室内的工作人员包括仓库主管、单据录入员、配电室管理员、机房维护员及仓库维修人员等。办公区域内包括电梯（$2.3 \times 2.05 = 4.715$平方米）及配电室（$2.5 \times 2 = 5$平方米），区域面积为110平方米。

9.3.2.7 月台

月台担任着货物进出仓库及货物装卸地的重要角色。根据运输车辆的底盘高度设计月台高度为1.4米，根据出入库区尺寸及月台高度设计月台长度为45米（在该区域两侧各预留2米的月台空间，假设月台斜坡角度为15°，则斜坡在地面上的投影长度为5.2米。另一侧由于剩余长度不够，因此将斜坡改为台阶，设台阶截面为正方形，边长为0.3米，则需5级台阶，前4级高度为0.3米，第5级高度为0.2米，台阶长度为1.5米），根据托盘及叉车尺寸设计月台宽度为3米。由货物流量设计库门的数量，每个仓库库门为2个（1个为入库，1个为出库），由叉车尺寸、托盘的尺寸及运输车辆尺寸设计库门的尺寸为3.5米×3米。为避免其他车型与该月台的不匹配，在必要情况下可使用月台高度调节板。

9.3.3 仓库运营设计

主存储仓库每个库有两个库门，因此每个库配有两个叉车及其相关设备，叉车负责将货物从收货区运送到仓库内的堆垛机上，堆垛机再将货物放入相应的货架内。

堆垛机及起重机的使用方法：

（1）将物品货盘放置在货叉上（货叉处于原始收缩状态）；

（2）由行走机使堆垛机行走到指定的行位；

（3）内升降机提升货盘到指定层位；

（4）货叉伸展，将货物送入指定货位；

（5）升降机下降15~25毫米，将货盘放置在货架的承重横梁上，使货盘与货叉脱离；

（6）货叉缩回到原始状态；

（7）货叉再次下降到堆垛机合适的原始高度；

（8）堆垛机行走出巷，回到原始位置，准备执行下一个任务指令。

9.4 中转库设计

在物流港内部我们重新规划中转仓库，新规划的中转仓库将极大地提升商户的临时仓储效率，节省物流港内临时仓储的占地面积，充分引入外围展厅的各个商户，也保证了物流港内部交通的规范。

9.4.1 摊位分布规划

经过调研发现，销售干货和调料的商户的倒库作业非常频繁，因为这部分商品的客户没有固定特征，也没有固定的采货时间。而商场内没有让商户临时摆放货物的区域，因此商户只能通过频繁地倒库作业来补充店铺里的货物，导致物流港在一定时间内出现交通混乱状态。商户对于中转库的需求并不亚于对仓库的需求，因此，我们需要对物流港内部的摊位分布和地面设计进行重新改造。

初期调研发现，物流港内干货、调料摊位占所有摊位的30%左右，基本上全都需要中转库，而且销售量较大，加上其他销售品类的临时仓储需求，我们规划将全部展厅的所有出售干货、调料的摊位由原物流港三层、四层和三号馆各展厅搬至物流港大楼的东半部位置，即原D区、E区和C区一部分，将其他摊位如酒店用品、酒水饮料等搬至A区、B区和C区一部分（如图9-9所示）。

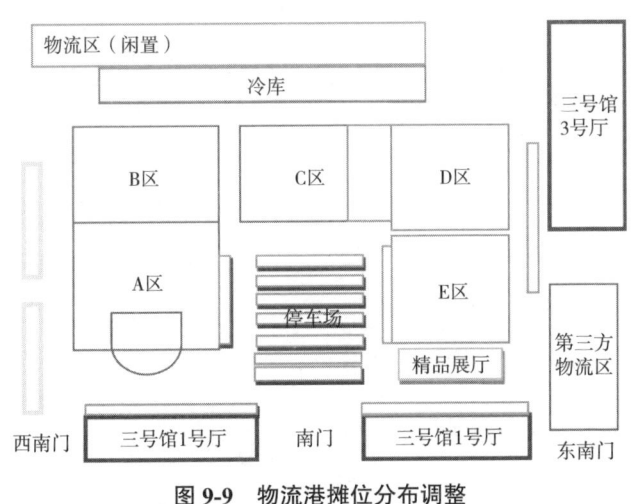

图 9-9　物流港摊位分布调整

9.4.2　摊位中转库设计

经调研发现，并不是所有的商户都需要临时仓储（即中转库），如酒店用品类和厨房设备类等，这些品类的商户由于商品体积过大、质量过重及其他一些原因对临时仓储没有需求。因此，为了方便管理，我们规划将需要中转库的摊位集中在一起，同时为了方便商户，达到商户和中转库的距离最优化，我们设计将中转库就建在商户摊位的上方，采购经久耐用、不易变形的材质在商户摊位顶部搭建中转库（如图9-10所示）。

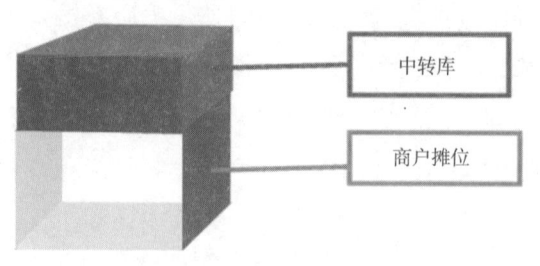

图 9-10 摊位及中转库

调研发现，物流港内的商户平均每家占用2～3个摊位，其中一个摊位左右的面积用来做临时仓储，如果我们采用这种下面摊位展示商品，上面用作中转库的立体式设计方式，物流港内可以节省出2000个左右的摊位，可用来将物流港大楼外部的三号馆中的摊位引入物流港主体楼。

只要中转库中有足够的剩余库存，商户就可以随时从中转库取货，满足小批量的商品随订随发，极大地节省了商户从其他仓库或较远的临时仓储取货的时间，以距离和时间优势吸引采购者，增加商户的收益。

9.4.3 物流港地面倒库车行道与停放区

摊位重新规划后，现有的物流港地面规划将不能发挥其原始效用，物流港地面交通混乱的原因主要是人流、车流混杂，所以我们规划倒库机动车、电动三轮车以及采购人员用车都有其专用的通道和专用停车场，且规划有专用路线，如图9-11所示。因此我们做出规划如下：

（1）划分物流港内区域。原三号馆1号厅、2号厅将拆除修建停车场，西南门和南门及物流港主体将只允许采购人员及其机动车进入和通过。

（2）电动三轮车和倒库机动车将只能从物流港东门进入，并只能在物流港后方的道路行驶。电动三轮车有其专门的停车区，如倒库机动车将按规定停放在倒库车停放区。

（3）如若采购人员需要当时装车运输，则需其将自己的采购用车开出物流港，并从东门进入倒库机动车停放区。然后由商户通过电动三轮车将货物运输至其停车处，进行装车。

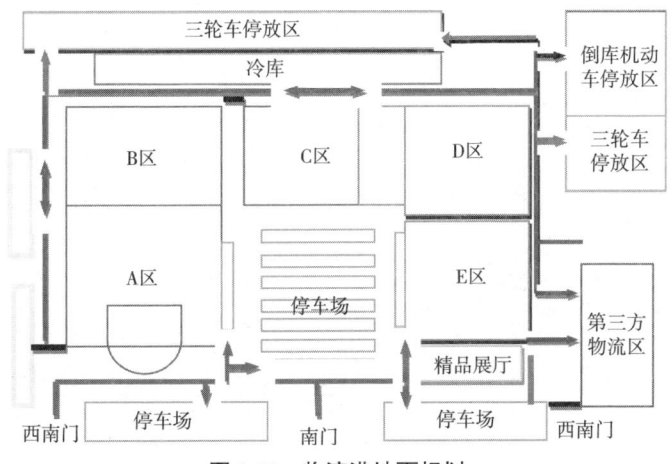

图 9-11 物流港地面规划

（4）为了方便商户向外发送小批量货物，商户需要用第三方物流运输时，通过电动三轮车和倒库机动车将自己摊位中转库的货物运至第三方物流区。

（5）为了不与其他车辆进出发生冲突，第三方物流的运输车将只允许从东南门进出。

9.5 仓库管理

9.5.1 入库管理

（1）当商家预定入库时，一定要提前安排合理的仓库，根据出库频率选定合适位置。出货和进货频率高的物品应放在靠近出入口、易于作业的地方；流动性差的物品放在距离出入口稍远的地方，安排好的仓库位置一律不允许其他货物暂时或长时间占位。

（2）对于入库的货物一定要检验是否符合入库安全标准，外包装箱有无明显破损，是否符合防火安全标准，一旦有不符现象，一定要做好登记，并通知货主，有严重问题者，可直接拒绝入库。

（3）入库时一定要严格核对各项数据的准确，发票数目和入库数目与商家确认数目一定要一致，杜绝只见发票不见实物或边办理入库边办理出库的现象。收库单的填开必须正确完整,供应单位名称应填写全称并与送货单一致,收料单上必须有仓库保管员及经手人签字,并且字迹清楚。

(4)装卸货物时一定要保证先来先卸,卸货任务完成时,要即刻离开,不能停靠休息聊天。货物堆码无倒置和无超高现象,货物堆放整齐、无破损或变形货物(破损、搁置区存放的货物除外),并且符合安全标准。堆货时在符合取货方便的前提下尽量把较轻的干货放在上面。

仓库管理流程如图9-12所示。

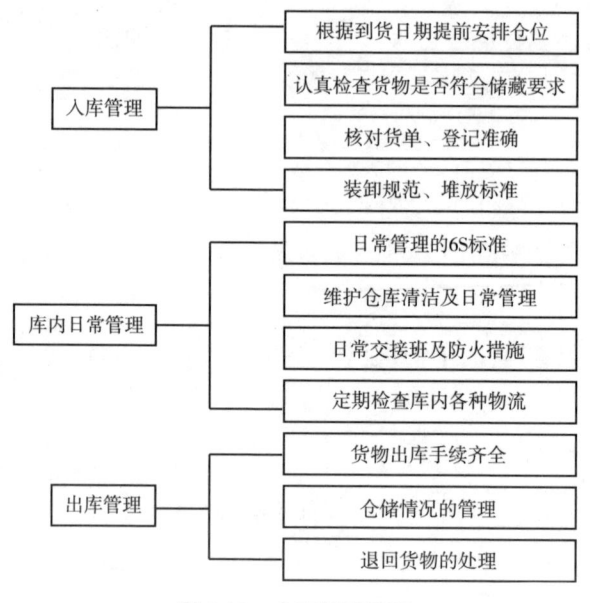

```
入库管理 ─┬─ 根据到货日期提前安排仓位
         ├─ 认真检查货物是否符合储藏要求
         ├─ 核对货单、登记准确
         └─ 装卸规范、堆放标准

库内日常管理 ─┬─ 日常管理的6S标准
             ├─ 维护仓库清洁及日常管理
             ├─ 日常交接班及防火措施
             └─ 定期检查库内各种物流

出库管理 ─┬─ 货物出库手续齐全
         ├─ 仓储情况的管理
         └─ 退回货物的处理
```

图 9-12　仓库管理流程

9.5.2　库内日常管理

日常管理要符合6s管理的标准,如图9-13所示:

整理(SEIRI)——将工作场所的任何物品区分为有必要和没有必要的,除了有必要的留下来,其他的都清除掉。目的:腾出空间,空间活用,防止误用,塑造清爽的工作场所。

整顿(SEITON)——把留下来的物品依规定位置摆放,并放置整齐加以标识。立体仓库要做到上重下轻,中转库要做到井然有序,不允许闲置的倒库车停放。目的:工作场所一目了然,减少寻找物品的时间,工作环境整整齐齐，消除过多的积压物品。

清扫（SEISO）——将工作场所内看得见与看不见的地方清扫干净，保持工作场所干净、亮丽的环境。中转库属于商家自维护区域，尤其要加强对中转库的监督，具体可以对其实行轮流清扫制度，如果在抽查过程中发现违规现象，要立即要求值日商户进行清扫，必要时可以给予一定金额的处罚。目的：稳定货物所处环境，减少自然损害。

清洁（SEIKETU）——将整理、整顿、清扫进行到底，并且制度化，经常保持环境处在美观的状态。目的：创造明朗现场，维持上面3S成果。

素养（SHITSUKE）——每位成员养成良好的习惯，并遵守规则做事，培养积极主动的精神（也称习惯性）。对于中转库的商家要进行必要的教育，可以张贴宣传海报，大力宣传良好素养的重要性，同时给他们提供相关习惯的培养班。目的：培养有好习惯、遵守规则的员工，营造团队精神。

安全（SECURITY）——由于锦绣大地物流港经营商品以食物为主，因此安全分为两部分：一是消防安全，要加强仓库工作人员和商户的消防安全意识。保持消防通道的顺畅，定期检查消防设施，更换过期和损坏的设施。二是货物卫生安全，仓库工作人员要定期体检，防止病毒传播，并且严格控制进出人员，无关人员一律不许入内，要保证仓库必要的通风光照，防止过于潮湿，作业设备也要定期进行消毒。目的：建立起安全贮存的环境，防患于未然，所有的工作应建立在安全的前提下。

图9-13　6S管理标准

9.6 仓库管理系统

只有先进的、优越的仓库管理系统才能使仓库的设计目的实现，才能使仓库发挥其最大储存能力，才能更大地为商户提供便利、节省商户成本，才能为企业、为社会带来巨大效益。

目前，国内物流中心大多采用条码扫描技术作为仓库管理中货物流和信息流同步的载体。但是随着企业对信息化要求的不断提高，条码技术由于存在信息无法更改、存储容量小、读取信息不方便等缺点已无法满足要求。RFID（Radio Frequency Identification）射频识别技术以其非接触、可重复使用、快速扫描、读取方便快捷、数据容量大、使用寿命长等优点在物流仓储行业获得越来越多的重视。在仓库管理信息系统中引入RFID技术，实现货物的先进先出、电子货位管理、作业流程监控管理，以期解决条形码带来的不足，从而在数字化和信息化的基础上最大限度提升仓库管理信息系统效益。

9.6.1 系统功能及构成

基于RFID的数字化仓库是在现有仓库管理中引入RFID技术，对信息的准确性和流程的自动化要求非常高，需要对仓库各个作业环节的数据进行自动化地数据采集，保证仓库管理各个环节数据输入的速度和准确性，确保及时准确地掌握库存的真实数据，合理保持和控制仓库库存。

系统由硬件设备及软件功能模块两方面组成，主要思想即在仓库管理信息系统中实现一维条码和RFID相结合。托盘贴RFID电子标签，利用RFID电子标签可重复使用、数据容量大、无须人工介入等优点，以提高仓库自动化水平和实现基于托盘的整存整取；货物贴一维条码，利用一维条码成本显著低于RFID电子标签的优点以降低成本，实现基于货物的零存零取和货物追踪。一维条码和RFID相结合，不仅可以取得对仓库数据信息的精确掌控，也可以降低系统实现的成本。

9.6.1.1 硬件构成

基于RFID的数字化仓库管理系统的体系结构决定系统应至少具有以下硬件设备：

（1）主控系统。包括主控计算机、出/入库口的RFID识读器、组盘区RFID读写器等。主控计算机通过数据线或无线网络与出/入库口的RFID识读器、组盘区RFID读写器以及服务器进行连接。

（2）服务器。服务器通过无线网络连接器与主控机以及叉车进行连接。

（3）叉车及车载平板电脑。车载平板电脑上安装叉车导航子系统用于货位导航。车载导航系统通过无线网络与服务器进行连接。

（4）手持扫码器。包括一维条码扫描枪和移动RFID识读器。一维条码扫描枪用于货物一维条码的读取操作，通过有线（或无线）网络与主控计算机连接。移动RFID识读器可读取托盘RFID标签信息，用于库存盘点。

（5）仓库设施。自动化立体仓库，包含贴有RFID电子标签的托盘、环形分拣线、堆垛机以及WinCC监控系统，可实现自动化的货物托盘上/下架。仓库硬件设备布局如图9-14所示，显示了主要硬件设备的布置位置和硬件之间的通信链路。

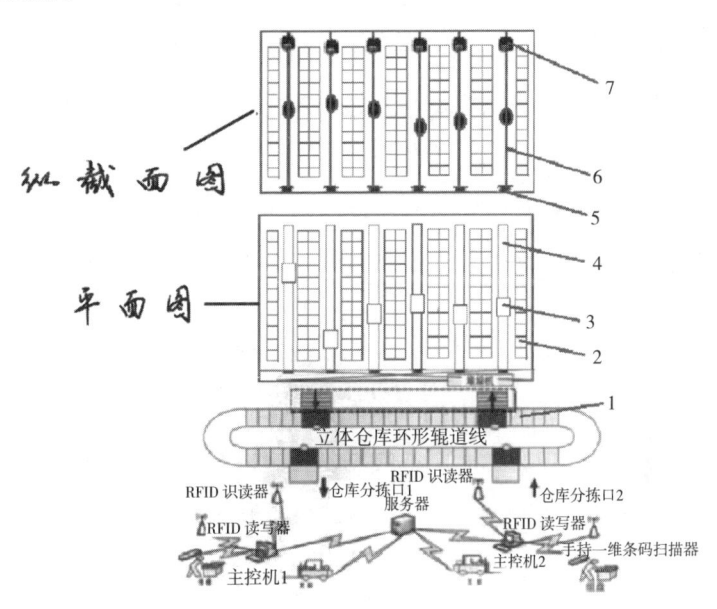

图 9-14　仓库硬件设备布置

9.6.1.2　系统软件功能模块构成

基于RFID的数字化仓库管理系统功能是对传统仓库管理系统的功能实现和扩展，包括以下功能：入库管理、出库管理、电子货位管理、货物组盘等。总体结构如图9-15所示。

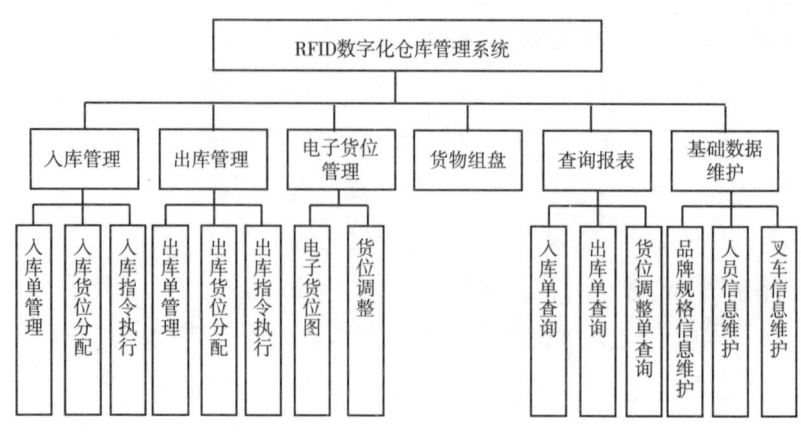

图 9-15 系统主功能模块

（1）入库管理。实现货物入库操作，可完成入库单据的录入、修改、删除、入库货位自动分配、手动分配、已分配货位单据指令发送等作业。

（2）出库管理。和入库管理类似，实现货物出库操作，可完成出库单据的录入、修改、删除、出库货位自动分配、手动分配、已分配货位单据指令发送等作业。

（3）电子货位管理。主要用来查询和显示仓库货位存储状况及进行可视化的货位调整操作，包括库区适时库存货位信息显示、货物（托盘）的库存地址查询、调整等操作。

（4）货物组盘。实现货位出入库托盘组盘操作。本仓库管理信息系统支持非整托盘出入库，所以出入库作业需要组盘功能模块以实现入库组盘、出库拆盘的操作。组盘功能模块主要实现了读写托盘RFID标签信息（主要是一维条码信息）、托盘货物增减、组盘撤销等功能。

（5）查询及报表。仓库管理员通过查询报表对系统数据库中库存状态、单据以及货物、货位状态进行管理。其中包括：货位调整单查询、出库单查询、入库单查询等。

（6）基础数据维护。对本系统中货物、人员、叉车等信息进行查看、添加、删除和修改等操作，方便其他功能对数据的使用。

9.6.2 出入库管理

9.6.2.1 入库作业流程

入库作业主要步骤如下：

（1）货物入库时，仓库管理人员人工录入入库单据，并生成电子单据。

（2）库管人员在主控机上选择当前入库单据明细并执行入库操作，完成入库货位分配并生成入库作业指令，通过无线网发送到服务器上。

（3）叉车收到服务器广播的入库作业指令，到组盘处进行货物组盘。

（4）组盘完成，叉车执行托盘入库操作（将托盘放到入库分拣口），根据车载平板电脑上的货位导航地图确定货位地址。

（5）WinCC管理人员运行WinCC系统，将入库分拣口上的托盘放入指定货位（堆垛机自动运行）。

（6）叉车装载托盘入库时通过固定式RFID阅读器提取标签信息，进行入库监控。

（7）叉车司机完成入库操作确认后，更新叉车指令列表。库管系统自动更新库存、货位状态以及库区显示系统（入库时间、品牌规格、入库数量和已完成数量）。

入库流程如图9-16所示。

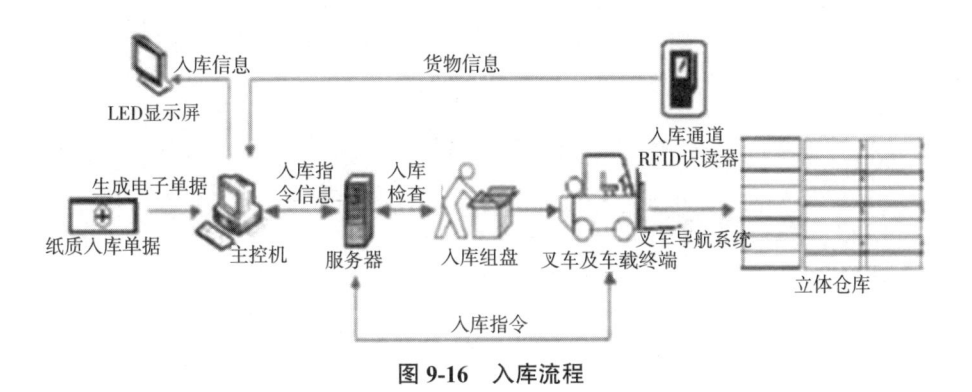

图 9-16 入库流程

9.6.2.2 出库作业流程

出库作业主要步骤如下：

（1）库管人员人工录入出库单据，并生成电子单据。

（2）库管人员在主控机上选择当前出库单据明细，并执行出库操作，完成出库货位分配并生成出库作业指令，通过无线网发送到服务器上。

（3）叉车收到服务器广播的入库作业指令，根据车载平板电脑上货位导航地图确定货位地址。

（4）WinCC管理人员运行WinCC系统，将托盘从库管系统选定的货位取出，送至指定的出库分拣口。

（5）叉车从出库分拣口取出托盘，托盘出库时通过固定式RFID阅读器提取标签信息，进行出库监控。

（6）如果是非整托盘出库，则叉车将托盘运载到组盘处进行出库拆盘操作，出库拆盘完成，叉车将仍有剩余货物的托盘放回原货位。

（7）叉车司机确认出库操作后，更新叉车指令列表。库管系统自动更新库存、货位状态以及库区显示系统（出库时间、品牌规格、出库数量和已完成数量）。

出库流程如图9-17所示。

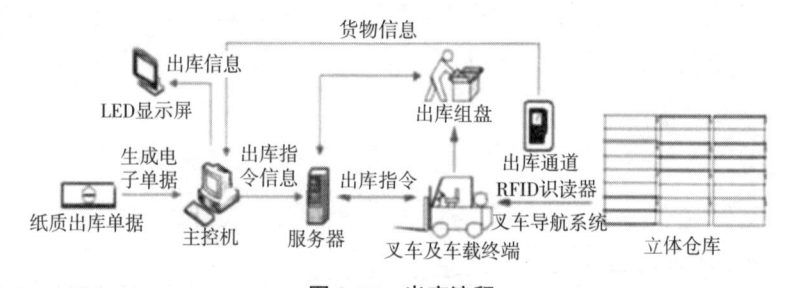

图 9-17　出库流程

9.6.3　库存管理

库存管理作业流程：

（1）库内盘点。仓库管理员接到盘点指令后，携带手持扫码器进入库区时，依次遍历全部货位并将所收集到的全部货品信息与电子货位图中库存信息进行比对。根据盘点结果进行库内移位、补货、调拨等操作。

（2）库内货位调整。仓库管理员选择货物地址调整单据进行库内货位调整作业，此作业不对库存货物进行增减。在主控计算机的数据库中，仅处理调整货物所处的货位信息，这样做可以避免货物出入库的不便。利用电子货位图可进行可视化的货位调整操作。在电子货位图界面完成货位调整后生成货位调整指令信息，发送给服务器，服务器将货位调整指令通过广播的方式发送给叉车，叉车选择调整单据在导航系统支持下执行货位调整作业。

运输管理作业流程：

仓储与第三方物流公司的联动，将实现运输效率的优化，缩短货物运输距离和时间。

（1）仓库管理员接到商户的订单通知后将指定的货物运出仓库，并与第三方物流公司确认物流单号，将货物装入运输车，运到指定地点。

（2）商户的供应商向商户发货时直接发至仓库，由商户签单，经仓库管理人员将货物信息记录，存入计算机系统，并将货物进行入库管理。

（3）第三方物流的运输车上也将附加电子标签，在进出仓库时识别车辆信息，实现货物的跟踪。

9.7 对锦绣大地物流港未来的影响

9.7.1 直接影响

基于调研中发现的锦绣大地物流港的仓储问题，我们给出的方案是建立自动化立体库以及中转库，有效地解决了目前仓储设计不合理以及仓储管理不妥善等问题，避免装卸货交通堵塞、倒库效率低下以及商铺货物盲目堆放带来的不安全隐患等。采用计算机信息化管理系统的仓储管理系统，可节省人员劳动力以及土地，大大提高了仓储作业效率，仓储安全方面的问题也得到一定的解决。

9.7.2 深远影响

针对北京锦绣大地物流港存在的仓储问题的策划方案，优化了仓储管理以及整个物流港的运营管理，体现锦绣大地物流港的信息化、专业化的管理优势，将会使这个交易平台能够更好地为商铺提供服务和创造商机，为商铺甚至社会带来实质性的"财富"。一个创新、高效率、专业、管理信息化的商贸中心将会不断聚集商气、增强商业聚集效应，从而提升物流港的知名度和美誉度，达到商户与市场共赢互利的美好局面。

第 10 章 车载蔬菜配送案例分析

为完善石景山区蔬菜市场,缓解蔬菜价格高居不下的现状,通过调研我们认识到,周末车载蔬菜市场能对解决蔬菜"卖难买贵"问题起重大作用。因此,在周末车载蔬菜市场现有模式的基础上,结合石景山区的情况,我们做了这份详细的策划方案。方案致力于在石景山区推广车载蔬菜市场新模式,策划目标是:3年内,在石景山区设立10个车载蔬菜市场,每年设立3~4个车载蔬菜市场销售点,让石景山区的大部分居民能够长期吃到新鲜、价廉、质量好的蔬菜,解决石景山区居民买菜贵、买菜不方便的问题。

虽然现有周末车载蔬菜市场试点办得红红火火,但是,作为一种蔬菜销售新模式,由于其发展历史短暂,调研中我们发现,车载蔬菜市场在经营管理等方面还存在诸多问题。根据消费者的反映,车载蔬菜市场主要有销售次数不足、价格不稳定、经营模式不规范等问题。针对这些问题,我们主要从布局和营销两方面对现有车载蔬菜市场经营模式提出改进方案。

首先,在布局的考虑中,我们根据石景山区地理环境、经济状况和人口分布等因素,结合我们对消费者购买车载蔬菜的消费行为的调查结果,以石景山区各小区为中心,以消费者可接受的步行路长为半径划定各小区消费者可接受域,利用集合覆盖模型,在重叠密度最大的地点设立车载蔬菜市场,以此得到在石景山区建立车载蔬菜市场的最优数量和位置。

在营销模式的考虑中,根据消费者期望车载蔬菜市场的售卖频率、价格水平、管理经营模式等意见,我们为了保证车载蔬菜市场的顺利运营,对其营销宗旨、产品策略、价格策略、销售渠道、宣传及品牌等方面提出了相应的改进和设计。

最后，综合考虑车载蔬菜市场经营过程涉及的各个环节，我们对车载蔬菜所需资源、预期收益及风险评估等方面进行了策划分析，并给出了相应的意见和建议。

10.1 策划背景及动机

近几年来，鲜活农产品物流面临越来越多的挑战。2011年上半年，我国部分地区出现了一方面"菜价过低伤害菜农"，另一方面城市居民却反映菜价居高不下的现象。蔬菜价格一直呈现较快上涨势头，增加了城市中低收入家庭的经济支出，导致不少城市低收入家庭实际生活水平下降。蔬菜价格出现较大幅度的上涨，流通环节和成本增加、蔬菜"卖难买贵"等问题突出。该现象引起了多家媒体对我国物流的关注。2011年5月，央视财经频道记者从蔬菜流通入手，对蔬菜的流通环节和物流过程进行了深入跟踪调查，揭示了货车进城难、天价路桥费、公路货运乱罚款、超市进场费高、物流重复征税等问题，并分析了背后错综复杂的原因，央视连续七天推出的系列特别节目引起了国内外的广泛关注。

针对鲜活农产品在物流渠道中出现的问题，2011年6月8日，国务院召开常务会议，要求切实减轻物流企业税费负担，提出了八条意见（简称"国八条"），部署加强鲜活农产品流通体系建设，力图破解物流顽症。其中，对这种"卖菜难、买菜贵"的怪现象，会议中提出的一条建议为：鼓励农业生产基地、专业合作社在社区菜市场直销直供，鼓励有序设立周末直销菜市场、早晚市等临时摊点。

2011年7月，商务部和北京市政府启动"周末车载蔬菜市场"试点工作，由农民蔬菜专业合作社向城市社区开展蔬菜直营直供，从蔬菜产销流通体制及营销方式入手，着力解决蔬菜"卖难买贵"问题，着力提高农民收益，降低市场蔬菜价格，提高居民生活质量。

"周末车载蔬菜市场"工程是由政府搭建平台，帮助京郊地区蔬菜生产流通合作组织进城直接销售蔬菜。目前北京已在海淀区、朝阳区、丰台区和石景山区开办了4家车载蔬菜市场试点，并针对北京蔬菜市场的季节性特点，于4月15日—10月15日周六上午营业。

北京试点的4家"周末车载蔬菜市场"开办两个多月以来，取得良好效果，受到农民和社区市民的欢迎。商务部有关负责人称，试营业以来，上述市场销售的蔬菜品种超过20种，菜价低于周边超市10%~15%，每个市场日均销售蔬菜都超万斤。温家宝同志就曾于2011年10月1日视察北航车载蔬菜试点，可见政府对于这一项目的高度关注。商务部原部长陈德铭表示，将把"周末车载蔬菜市场"的形式在全国范围内推广，进一步推动城市鲜活农产品零售网络建设。

10.2 策划目标及必要性

10.2.1 策划目标

3年内，在石景山区设立14个车载蔬菜市场（第一年设立8个车载蔬菜市场销售点，第二年设立4个，第三年完成全部14个车载蔬菜点的布局），让石景山区的大部分居民能够长期吃到新鲜、价廉、质量好的蔬菜，缓解石景山区居民买菜贵、买菜不方便的压力。

10.2.2 策划必要性

目前蔬菜的城市供应，一般是一级批发商从城郊或近郊乡村菜农手里将蔬菜收上来，供应给城市的蔬菜批发市场。二级批发商从批发市场批发蔬菜送到各居民摊点。各居民摊点再把菜卖给附近居民。可以看出，这种常规蔬菜销售过程存在一些问题：

首先，经过许多环节，层层加码。蔬菜价格从菜农到居民手里增加的幅度一般在70%~200%之间（高档菜比例小一些，低档菜比例大一些）。

其次，由于蔬菜在每个环节都要停留一段时间，导致蔬菜不新鲜。

再次，容易出现问题，却不容易追查。蔬菜从农村到城市，从批发市场到各菜点，经过许多环节，是否无公害、无污染，得不到保证。

最后，价格容易被垄断。一般情况下，各批发市场和居民区摊点都有君子约定,有统一的价格,不允许各摊点随意定价。所以我们平常进入市场时不难发现,所有的摊位都是一个价。

但是,车载蔬菜市场模式有效地避免了这个问题。由于车载蔬菜中间环节少,从菜农到消费者手里的价格上升幅度一般不超过30%,对城市居民来讲,价格相对低;对菜农来讲,不存在蔬菜难卖问题,资金周转快。并且由于产、销直挂,农户比较重视蔬菜的质量,讲求蔬菜的有机、无公害、无污染成了菜农的自觉行动。对城市居民来讲,既丰富了菜篮子,也有益于健康。

10.3 方案的详细说明

通过对现有车载蔬菜市场进行的SWOT分析,我们提出了三年内在石景山区建立14个车载蔬菜市场的具体方案,以下内容是对策划方案的详细分析和说明。

10.3.1 车载蔬菜市场的运营模式

车载蔬菜市场的运营模式如下:

(1)菜源:合作社(几个合作社联合起来,或者有其他金融机构进行管理,联系几个合作社。并且考虑菜的品种及天气影响等问题,可引进北京及外埠的合作社)整合村内土地,规模种植所需的各种蔬菜。

(2)采摘:销售前一天将所需的菜种进行采摘并进行一定的包装。菜量通过对现有试点的考察,参考所设点小区及辐射范围内小区的户数确定。

(3)运输:通过绿色通道将菜运至每个销售点,每辆货车提供两个车载蔬菜市场销售点。

(4)销售:每周周二、周四、周六的6:00-10:00(根据消费者购菜行为习惯确定)进行销售,每个点设3个销售员(需对销售员进行人际交往和营销知识的培训,掌握计算工具和称量工具的运用以及记账等基本技能)。销售地点设为室内,由相关部门进行提供。

(5)回收:将未售出的蔬菜回收进行处理。

10.3.2 方案设计

10.3.2.1 目标区域选取

（一）石景山区条件因素总览

1. 石景山区地理概况

石景山区位于长安街西段，中心区距天安门16公里，面积92.12平方公里，暖温带半湿润气候，石景山区西北部山地是太行山余脉，约占全区面积的三分之一。比肩而立的40余座山峰，虽不太高，但面对东南部一望无垠的华北大平原却也气势不凡。其间岩壁峥嵘、峰峦叠翠、鸟语花香、泉水涓涓、云雾渺渺、苍秀清雅，系北京十大风景区之一西山及永定河风景游览区最佳丽之处。区境南部横亘着古老的永定河，蜿蜒曲折，波光粼粼，青山与绿水之间的中部和东南部，是永定河冲积成扇形的夹带残丘的平原，为全区人民生产生活的主要地区，有优美的现代化游乐园景和旅游服务设施。

2. 石景山区经济概况

石景山区是北京市重工业地区，有首都钢铁总公司等国有大中型企业数家，为北京市的经济发展做出了积极的贡献。

改革开放以来，石景山区政府坚持以经济建设为中心，大力发展区域经济，从全面改善投资环境入手，加大了市政基础设施建设和城市环境整治力度，从而带动了全区经济的进步。社区建设取得实质性进展，人民生活水平显著提高。石景山区已经被建设成为体现首都经济特征的现代工业区、富有传统特色又具鲜明时代气息的都市休闲旅游区、人居环境一流的文明区，是一个"现代、绿色、文明"的新市区。

石景山区在充分利用历史遗存的自然、人文景观发展旅游事业的同时，为适应人们旅游新时尚，十分重视现代游乐与服务设施的开发建设，先后建立了融高科技游乐器械、现代化于一体的石景山游乐园和服务设施齐全的宾馆饭店等众多游乐服务及交通设施，形成了完善的旅游服务体系。

3. 石景山区交通概况

石景山区综合交通规划中的策略可以概括为"功能主导、分层次构建"，从而将石景山区境内道路网络的交通功能分为四个层次。第一层次承担京西地区和中心城区之间的交通联系的功能，对于石景山区属于通过性交通；第二层次承担石景山区和中心城区之间的交通联系，是石景山区对外交通的一部分；第三层次承担石景山区作为京西辐射周围地区的联系功能，强化石景山区的中心功能；第四层次是石景山区内部的交通联系。

和功能相匹配，石景山区的道路网络功能组织模式为开放的、分层次的网络模式，包括南北方向的西五环路和西六环路、东西方向的莲花池东路西延和109国道（阜石路和石门路）；以十条放射状联系通道强化石景山区对周围地区的联系，包括永引渠南路、上庄东路、石景山路、鲁谷西路、长安街西延、双峪路、田村路、八角北路、鲁谷路、门头沟新区北环路。对外交通走廊的九大节点，包括西五环路上2处、西六环路上2处、莲花池东路西延（108国道方向）上3处、阜石路（109国道方向）上2处。

4.石景山区人口分布现状

全区各街道的人口密度水平不均衡，其中人口密度最高的是八角街道，每平方公里拥有常住人口21244人，相当于首都功能核心区的人口密度水平，是全区平均人口密度的3倍；人口密度最低的是五里坨街道，其地理位置中包括部分山区，每平方公里拥有常住人口1228人，接近本市城市发展新区的人口密度水平，是全区平均人口密度的17.47%。

（二）确立目标区域

1.条件分析

通过对石景山区地理环境、经济状况和人口分布等的分析，发现该区人口密度分布不均匀，其中以居民区人口密度为最大，边缘处又为山区或旅游景点，且中心区交通主干道比较发达，边缘处道路崎岖。根据这样一个条件，我们就以居民区密集的区域作为目标区域进行分析。

2.目标区域确立

通过对居民区分布的调查，我们根据区交通情况与人口分布情况，得出以主干道为轴建立坐标而划分的目标区域，其中以西五环路为纵轴、阜石路为横轴、晋元桥为原点，从而可以发挥两条主要线路的交通优势，在以后的交通运输中减少成本。通过建立坐标轴，进一步把石景山区划分成三个目标区域，再分别以居民密集区为具体研究对象区域。

最后依次设立了涵盖模式口、金顶街西区等社区的A_1区，苹果园、杨庄北区等社区的A_2区，八角、古城等社区的B区，鲁谷、老山等社区的C区。

其中因为A区居民社区分布面积比较大，人口比较平均，区域大约为B、C的两倍，为了方便研究而把它细分为A_1与A_2这两个区；B区面积虽然不大，却是石景山区人口密度最集中的区域，其中人口密度最高的是八角街道，每平方公里拥有常住人口21244人，相当于首都功能核心区的人口密度水平，是全区平均人口密度的3倍，也是我们布点设立的重点区域；C区在地理位置上更靠近市中心，其中大约有一半的面积被老山和八宝山革命公墓所占据，其中八宝山区域又是一个政府近年来准备重点改造的地段，所以也是石景山区经济发展中不可或缺的一部分，要考虑在我们的规划布局中。至此，我们便确立了目标区域。

10.3.2.2 站点布局设计

（一） 模型布局最优站点

在确定完目标区域的基础上，我们根据集合覆盖模型原理结合已知条件，对数据进行统计与分析以便最终设计出最优的布点位置。

集合覆盖模型是离散点选址的覆盖模型中常用的一种模型，模型解决在已知的一些需求点的基础上，如何确定一组服务设施来满足这些需求点的需求。这个模型可以确定服务设施的最小数量和合适的位置。该模型有极其广泛的应用，如物流配送中心的选址问题、零售店的选址问题等。利用集合覆盖模型可以使企业用最小数量的服务设施去覆盖所有的需求点，从而降低企业建立服务设施的成本，并在规定的时间内将商品送至需求点。

根据石景山商务局所提供的《石景山区居委会明细表》，所含社区与居委会见本章末附录部分。

（二） 站点设立支持因素

在调查站点位置过程中，我们与区市场管理中心的领导人员进行过交流，得知政府部门决心大力扶持车载蔬菜市场这种销售形式的建设，方式可能为利用本区现有的资源，为车载蔬菜市场提供场地。在具体社区实地考察中我们也发现，有些社区居委会已经搭建了自己的便民售菜设施。这些便民菜站的最大优点是直属居委会管理，距离消费者很近、有亲和力，场地费用问题容易解决，因此一些社区内部的居民委员会就天然地成为我们设点的良好位置。所以，我们以居委会定为候选车载蔬菜市场站点所在地。

目标区域A_1、A_2、B、C中涉及的居委会与社区名称见表10-1至表10-8。

表 10-1　目标区域 A_1 社区名称

目标区域	社区编号	社区名称
A_1	A	模式口西里社区
	B	金顶街社区
	C	广宁社区
	D	东山社区
	E	高井路社区
	F	广宁街道社区
	G	模式口南里社区
	H	广宁路社区
	I	金顶街赵山社区

表 10-2　目标区域 A_1 居委会名称

居委会编号	居委会名称	所管辖人口数
1	模式口西里南区社区居民委员会	4593
2	模式口西里中区社区居民委员会	5157
3	模式口西里北区社区居民委员会	5000
4	金顶街一区社区居民委员会	8729
5	金顶街三区社区居民委员会	4675
6	金顶街四区社区居民委员会	4870
7	金顶街五区社区居民委员会	6124
8	金顶街二区社区居民委员会	7450
9	东山社区居民委员会	2357
10	麻峪社区居民委员会	3692
11	新立街社区居民委员会	3329
12	高井路社区居民委员会	3559
13	赵山社区居民委员会	2503

表 10-3　目标区域 A_2 社区名称

目标区域	社区编号	社区名称
A_2	A	西黄村社区
	B	北方工业大学社区
	C	苹果园第一社区
	D	苹果园第二社区
	E	西黄村路社区
	F	北京海特花园第一社区
	H	海特花园社区
	I	北京石景山医院苹果园社区
	J	金顶街赵山社区

表 10-4　目标区域 A_2 居委会名称

居委会编号	居委会名称	所管辖人口数
1	西黄村社区居民委员会	3993
2	苹一社区居民委员会	6000
3	苹二社区居民委员会	6022
4	苹三社区居民委员会	8000
5	苹四社区居民委员会	3924
6	海特花园第一社区居民委员会	4149
7	海特花园第二社区居民委员会	5461
8	海特花园第三社区居民委员会	5197
9	赵山社区居民委员会	2503
10	北方工业大学居民委员会	1800

表 10-5　目标区域 B 社区名称

目标区域	社区编号	社区名称
B	A	八角社区
	B	八角南路社区
	C	八角北路特钢社区
	D	天翔社区
	E	八角街道古城南路社区
	F	古城社区
	G	八角路社区
	H	杨南社区
	I	古城路社区

表 10-6　目标区域 B 居委会名称

居委会编号	居委会名称	所管辖人口数
1	八角社区居民委员会	4730
2	八角南路社区居民委员会	6036
3	八角北路特钢社区居民委员会	4392
4	天翔社区居民委员会	1588
5	古城南路社区居民委员会	4184
6	古城社区居民委员会	2400
7	八角路社区居民委员会	4730
8	杨庄南区社区居民委员会	6000
9	古城路社区居民委员会	2400

表 10-7　目标区域 C 社区名称

目标区域	社区编号	社区名称
C	A	老山社区
C	B	永乐社区
C	C	永乐第二社区
C	D	永乐东小区南社区
C	E	七星园北社区
C	G	鲁谷社区
C	H	石景山依翠园社区
C	J	八宝山街道永乐第一社区

表 10-8　目标区域 C 居委会名称

居委会编号	居委会名称	所管辖人口数
1	老山东里南社区居民委员会	5827
2	老山东里北社区居民委员会	5415
3	老山西里社区居民委员会	4032
4	老山东里社区居民委员会	4334
5	永乐东小区北社区居民委员会	4049
6	永乐东小区南社区居民委员会	3776
7	七星园北居委会	2580
8	依翠园南居委会	2300
9	依翠园北居委会	3289
10	双锦园居民委员会	2524

续表

居委会编号	居委会名称	所管辖人口数
11	五芳园居民委员会	4500

10.3.2.3 模型

（一）模型的建立

集合覆盖模型的目标是用尽可能少的设施去覆盖所有的需求点，相应的目标函数可以表达为：

$$\min \sum_{j \in N} x_j \tag{10-1}$$

约束条件为：

$$\sum_{j \in M} y_{ij} \geq 1, i \in N \tag{10-2}$$

$$x_j \in \{0,1\}, j \in M \tag{10-3}$$

$$y_{ij} \in \{0,1\} \tag{10-4}$$

式中：M为所有站点候选点集合；N为所有社区的集合。

$$x_j = \begin{cases} 1 (\text{在第}j\text{个社区设立该站点}) \\ 0 (\text{在第}j\text{个社区不设立该站点}) \end{cases}$$

$$y_{ij} \begin{cases} 1 (\text{在第}i\text{个社区可由第}j\text{个站点提供服务}) \\ 0 (\text{在第}i\text{个社区无法为第}j\text{个站点提供服务}) \end{cases}$$

模型中，式（10-1）为最小化设施的数目，式（10-2）保证每个社区都可以获得至少一个站点的供给，式（10-3）判断是否设立站点，式（10-4）判断社区是否获得服务。

（二）模型的求解

该模型是运筹学中的0-1规划问题，可以用分支界定方法求解。但利用Excel中的"规划求解"功能解决此问题，省去了人工编制程序和手工计算的麻烦。因此，我们利用集合覆盖模型对车载蔬菜候选点进行优化。

下面，我们以目标区域A_2为例，介绍一下车载蔬菜站点优化模型的求解过程：

第一步，确定社区最大可覆盖半径，根据调查数据，我们知道大部分消费者可接受的步行时间为5到10分钟。正常人步行速度为80米/分钟，我们选取时间为10分钟，得出消费者可接受距离为800米，也就是我们的覆盖半径确定为800米。

第二步，确定各站点与社区位置。在四个目标区域内，都以左下角为原点，根据地图中比例尺显示，地图中的1厘米为实际距离200米，这样坐标图就建立完成，每一个站点与社区位置都可以用横纵坐标显示出来。

第三步，测量出各社区和车载蔬菜候选点的坐标得到表10-9，建立集合覆盖模型的规划求解电子表格模型，如图10-1所示。

表10-9 A_2 中社区与居委会（站点）坐标

社区编号	X	Y	居委会编号	X	Y
A	21.6	7.82	1	21.6	7.82
B	24.2	4.3	2	15.95	4.3
C	15.95	4.3	3	15.2	5.4
D	10.7	5.45	4	12.5	5
E	22.1	7.3	5	12.55	3.55
F	12.95	4.3	6	13.4	7.2
H	14.2	7.14	7	12.81	7.61
I	10.8	3.7	8	14.4	7.6
J	4.5	6.1	9	4.5	6.1
			10	24.2	4.3

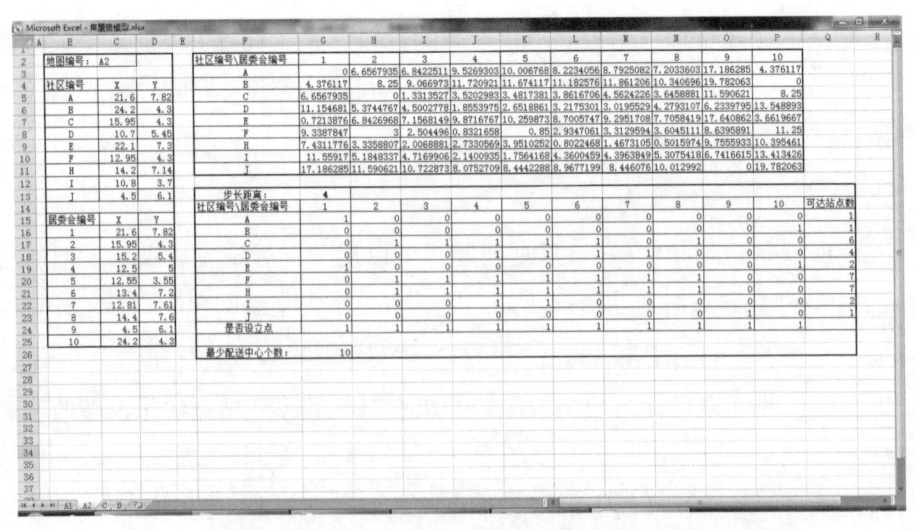

图10-1 目标区域 A_2 的集合覆盖模型的规划求解电子表格初始模型

第四步，设置Excel模型中的单元格和规划求解的参数。图10-1中单元格的设置情况见表10-10。规划求解的参数设置如图10-2所示。

表 10-10　单元格的设置

单元格	扩展工作表的公式	备注
G3	SQRT{[(C5-C16)^2+(D5-D16)^2]}	计算站点到社区的距离
G15	IF(G3<=G13,1,0)	判断站点到社区的距离是否满足覆盖半径800米，也就是4个长度。如果覆盖到，值为1，否则为0
Q15	SUMPRODUCT(G15:P15,G24:P24)	计算社区覆盖半径内站点数
G26	SUM(G24:P24)	计算站点数

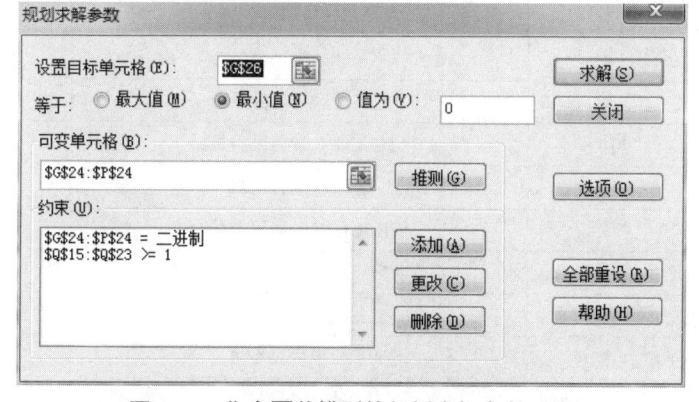

图 10-2　集合覆盖模型的规划求解参数设置

第五步，得出规划求解的结果，具体显示在图10-3中。

图 10-3　目标区域 A_2 的集合覆盖模型的规划求解结果

由图10-3可以看出，选择站点1、4、9、10这四个地方建设站点可以覆盖所有需求社区。

运用同样的方法分别求出余下三个图中最优站点所在地，如表10-11。

表 10-11　目标区域最优站点序号

目标区域	居委会编号	居委会名称	所管辖人口数
A_1	3	模式口西里北区社区居民委员会	5000
	6	金顶街四区社区居民委员会	4870
	9	东山社区居民委员会	2357
	10	麻峪社区居民委员会	3692
A_2	1	西黄村社区居民委员会	3993
	4	苹三社区居民委员会	8000
	9	赵山社区居民委员会	2503
	10	北方工业大学居民委员会	1800
B	7	八角路社区居民委员会	4730
	8	杨庄南区社区居民委员会	6000
C	4	老山东里社区居民委员会	4334
	7	七星园北居民委员会	2580
	8	依翠园南居民委员会	2300
	11	五芳园居民委员会	4500

（三）模型结论

设立站点时始终要按照节约成本的原则，根据该区地理情况，避免重复设点，还需要尽可能多地为消费者服务，选择性地排除掉边缘化、人员密度少、利用率不高的区域。利用Excel求解集合覆盖模型得出最优站点设立方位。最后计划在石景山区的三个目标区域内总共设立14个站点。

10.3.2.4　站点设立的规划

（一）规划指导思想及目标

通过本次规划的编制和实施，加强对车载蔬菜市场的发展并进行宏观的调控和管理。车载蔬菜市场的规划充分考虑现有一般农贸市场分布现状，结合城市发展和路网变化，避免重复建设，合理优化布局，消除辐射中的盲点、弱点，逐步建立起适应国民经济发展和社会发展需要，满足消费者市场消费量的需求，布局科学合理、竞争有序、功能完善、物流快捷、覆盖成本低、资源保障有力的基本型车载蔬菜市场模型。

（二） 规划思路

我们在对车载蔬菜站点的规划中，需要立足于城市的整体，将各社区作为城市的有机组成部分进行综合的考虑，避免资源浪费和重复建设，做好区域协调；还要以人为本，建设站点的目的是为了方便群众、满足广大消费者的需求，促进和谐社会的经济建设；对于可持续发展也要加以重视，增强生态与环保意识，合理有效地利用资源，力争社会、经济、环境效益的统一；我们还可以适当地超前，控制好车载蔬菜市场的总量，敢于预测未来的发展前景，合理优化站点布局，逐步建立起与国民经济发展相适应、科学合理、功能完善的基本型车载蔬菜市场模型。

（三） 布局原则

我们在站点具体布局的时候要遵守以下几个原则进行制订：

首先是对于数量的控制，因车载蔬菜市场还处于试点阶段，所以在什么时间建立多少个站点对于我们后续推广是十分重要的。

其次是关于合理布局，依据现有的目标区域内一般农贸市场的布局与服务范围，以安全和增加便利为基础，重新合理分布我们的车载蔬菜站点，使之与城市其他类型的设施合理配套，并符合城市的总体规划。

再次，注重稳定发展与确保安全，车载蔬菜市场不但满足消费者市场需求，还要确保市场供应稳定，使之与经济社会发展相适应。在站点设立的时候一定要根据国家规范及石景山区城市总体规划等有关规定要求，合理确定车载蔬菜市场的经营时间、服务半径、建设规模、卫生等级、蔬菜质量等指标。

最后，提供便民、利民、分区的服务，为了提供给消费者更优质的服务、方便群众，对人口密度较大的区域以及交通条件较好的道路，或土地条件优越的情况，从便民利民、分区服务角度出发进行规划布点，如在古城和八角的设点就是因为附近涵盖了人口密度很大的居民区。

（四） 站点设立方案

在规划表中，建设期数每一期为一年，按照计划位置分三年依次设立站点，见表10-12。

第一期的8个首要设立点为目标区域A、B、C三区中的核心区域，主要针对人口密度相对大的地方进行设立，成立基本的骨架结构模型，开创车载蔬菜销售的市场，令消费者知道这种形式。第二期的4个次要设立点在远离核心的社区中进行设立，目的是为了方便更大范围的居民，组织起笼统的石景山区覆盖销售模型，令更多消费者熟知这种形式。第三期的两个补充设立点为最后布置，通过之前首要和次要两部分的设立，不但提供了经营方面的经验，消费者的口碑与人流量的保证，还可以确定该设立点的规模大小，以达到服务消费者的最优化，对整体车载蔬菜市场覆盖模型起到画龙点睛的目的。通过为期三年的站点建设，相信可以基本建成石景山区车载蔬菜市场的初期模型。

表 10-12 车载蔬菜站点设立规划表

目标区域	序号	站点名称	建设期数
A_1	1	模式口西里北区社区居民委员会	1
	2	金顶街四区社区居民委员会	1
	3	东山社区居民委员会	1
	4	麻峪社区居民委员会	2
A_2	5	西黄村社区居民委员会	2
	6	苹三社区居民委员会	1
	7	赵山社区居民委员会	3
	8	北方工业大学居民委员会	1
B	9	八角路社区居民委员会	1
	10	杨庄南区社区居民委员会	1
C	11	老山东里社区居民委员会	2
	12	七星园北居民委员会	3
	13	依翠园南居民委员会	1
	14	五芳园居民委员会	2

目前现有北方工大、北航等车载蔬菜市场作为试点存在，是一种新型

模式的试运作，通过对现有试点运行状况的调研，发现车载蔬菜市场确实有助于解决"买菜贵卖菜难"等问题。为了在石景山区内普及车载蔬菜市场模式，我们进行了以上车载蔬菜市场的布局规划。现有车载蔬菜市场还存在许多问题，且没有一个较为完整的营销体系，故而在对石景山区内车载蔬菜市场进行布局规划后，对车载蔬菜市场在石景山区内的营销推广进行了策划。

10.4 车载蔬菜市场的营销推广

根据现有车载蔬菜市场的相关情况及营销推广方面的相关内容，从场所布置、经营时间安排、价格制定、人员培训、沟通及联合品牌的塑造几个方面做出车载蔬菜市场优化方案的营销推广。

10.4.1 场所布置

现有车载蔬菜市场虽然备受消费者的青睐，但消费者在早晨不得不排长队等候，许多消费者甚至经常排长队却买不到所需蔬菜。消费者表示，与其这样排队等候，不如去其他菜市场。针对由于销售点的布置及蔬菜摆放混乱所导致的排队时间长、销售效率低下等问题，现将销售设施的布局进行规划。现提出两种设施布局规划方式，分别为：三面售菜布置方式，一面售菜布置方式。这两种方式都能在一定程度上解决排队混乱，销售效率低等问题。当然，室内销售区域的情况可能千差万别，仅在此提出这两种布置方式作为示例。

考虑到场地可能存在的限制因素，三面售菜方式每个销售区域的顾客暂定排成两队（如图10-4），由售菜人员维持排队秩序。售菜人员可根据客流量的多少，相应地增加排队数量，以此避免之前出现的排队混乱等问题。

此布置方式在黑色区域中蔬菜的摆放规则为：将其（大致为边长5米的正方形，三面售菜，一面是销售人员搬放蔬菜的出入口）划分为四部分，每部分摆放7~8种固定蔬菜（可根据季节的不同，更换固定摆放的蔬菜品种），以便减少在售菜过程中由于售菜人员寻找蔬菜的位置而浪费的时间。销售区内摆放几张桌子（数量根据当天菜量确定），以便增大蔬菜摆放的空间。这样不仅便于顾客观察车载蔬菜，以较短的时间选择自己满意的蔬菜，而且能够提高销售人员售菜的效率。此外，在车载蔬菜市场的入口处摆放两个菜价展示板，以此向消费者展示当天供给的蔬菜种类及单价，提高销售效率。

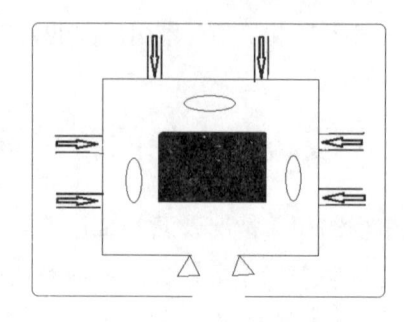

图 10-4　三面售菜布置方式

注：图中黑色区域代表蔬菜的放置区域，椭圆形代表售菜人员，长方形代表整个售菜区，三角形代表价格展板及宣传海报，箭头及加粗线代表排队的顾客，最外面的圆角矩形代表售菜区所在的室内环境。

考虑到车载蔬菜室内销售场地的面积及形状可能存在的差异性，现提出另外一种销售设施布置方式：一面售菜布置方式（见图10-5）。

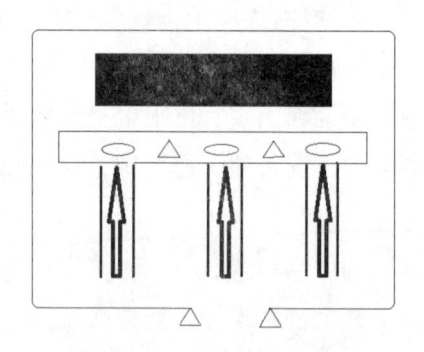

图 10-5　一面售菜布置方式

注：图中黑色区域代表蔬菜的放置区域，椭圆形代表售菜人员，长方形代表整个售菜区，三角形代表价格展板及宣传海报，箭头及加粗线代表排队的顾客，最外面的圆角矩形代表售菜区所在的室内环境。

这种方式与三面售菜布置方式的不同之处有两个。其一，蔬菜的摆放规则。黑色区域蔬菜的摆放规则为：将蔬菜摆放在购物架上，购物架分成三层，每层摆放9～10种蔬菜。其二，排队数量。考虑到顾客可自由活动的场地比三面的方式大，并且由于售菜人员在同一直线上，为防止秩序过于混乱，暂定共排成三队，当客流量很大时，销售人员可根据需求，自定可控制的排队数量。

10.4.2 时间安排

首先，为解决销售次数不足的问题，对消费者的意愿进行了调查。通过调研，64%的消费者希望车载蔬菜市场每周的次数为三次，这个次数对于车载蔬菜市场来说是可以做到的，且能够达到盈利，故设定优化的车载蔬菜市场次数为每周三次，分别为周二、周四、周六。

其次，对于车载蔬菜市场的经营时间进行设定。通过调研，35.2%的消费者购菜时间集中在6:00—8:30，41%的消费者购菜时间集中在8:30—10:30。现有试点经营时间一般为6:00—10:30，但就试点过程而言，90%以上的消费者购菜时间在10:00以前，10:00以后只有寥寥数人购菜。为提高效率、节约时间，满足大部分消费者的需求，故将经营时间设立为6:00—10:00。考虑到季节温差因素，将车载蔬菜市场的经营时间分成夏季时间（6:00—10:00）、冬季时间（7:00—10:00），以避免气温对消费者购菜行为形成阻碍。

根据实地考察、研究和分析的结果，我们规划了以上车载蔬菜销售点。首先，销售点的增加对于农民的收益有着进一步的增加。销售点的增加会使蔬菜的运送量逐渐增多，同时车辆的利用率也会变大，这样就会使车辆的燃油费、运输费、磨损费等得到一定的节省。这些成本的节省使得车载蔬菜的投资回报率上升（投资回报率=年利润或年均利润/投资总额×100%）。其次，规模的扩大、销售经验的丰富还会使得合作社在人员的培训、菜点的再度扩建方面减少成本。最后，规模的扩大还能使相邻蔬菜点的蔬菜调配变得更加方便，这样就能降低蔬菜剩余和蔬菜不足对农民可能造成的损失，保证既得的利益。由于销售规模扩大而形成的规模效益，使得车载蔬菜市场的利润空间也会变大。

10.5 总结

经过调研，我们了解到石景山区车载蔬菜市场，虽然有物美价廉的优势，能在一定程度上解决"卖菜难买菜贵"的难题，但是，其在经营管理上存在的劣势也不容小觑。为了充分发挥车载蔬菜市场的优势，使其长远发展，结合石景山区及车载蔬菜市场的现有情况，通过集合覆盖模型的分析之后，我们提出车载蔬菜市场的布局及营销推广优化方案，此方案在石景山区切实可行，下面对此方案进行几点总结。

首先，在布局方面，我们结合石景山区地理位置及人口密度等情况，运用集合覆盖模型，得出石景山区对车载蔬菜市场的数量及位置的需求情况。我们的布局目标为3年内在石景山区建立14个车载蔬菜销售点，分别为：模式口西里北区社区居民委员会、金顶街四区社区居民委员会、东山社区居民委员会、苹三社区居民委员会、北方工业大学居民委员会、八角路社区居民委员会、杨庄南区社区居民委员会、依翠园南居民委员会、老山东里社区居民委员会、五芳园居民委员会、麻峪社区居民委员会、西黄村社区居民委员会、赵山社区居民委员会、七星园北居民委员会。其中，第一年为8个，分别为：模式口西里北区社区居民委员会、金顶街四区社区居民委员会、东山社区居民委员会、苹三社区居民委员会、北方工业大学居民委员会、八角路社区居民委员会、杨庄南区社区居民委员会、依翠园南居民委员会。第二年为4个，分别为：老山东里社区居民委员会、五芳园居民委员会、麻峪社区居民委员会、西黄村社区居民委员会。第三年为2个，分别为：赵山社区居民委员会、七星园北居民委员会。

其次，在营销推广方面，我们结合车载蔬菜市场现存的经营管理上的问题，诸如：场所布置不合理、蔬菜价格及经营时间制定不规范、销售人员蔬菜营销及人际沟通技能欠缺等，提出相应的建议，以此保障车载蔬菜市场良好的日常运作。在场所布置上，我们提出了两种售菜布置形式：三面售菜布置形式、一面售菜布置形式。在价格制定上，根据周围市场的蔬菜价格制定整周的基础价格，再根据居委会提供的信息进行调整。在经营时间上，经过调研，得知大多数消费者期望的销售时间为：周二、周四及周六的上午6：

00—10：00（夏季）、7：00—10：00（冬季）。在蔬菜营销上，培训销售人员合理及时处理顾客的抱怨等问题。在人际沟通上，要求销售人员服务态度热情，运用礼貌用语，服装穿着整洁等。此外，考虑到品牌效应有利于车载蔬菜市场的发展，我们提出联合品牌的建议。我们建议以车载蔬菜为主品牌，各个农村合作社可在车载蔬菜品牌后加入自己的蔬菜品牌。为避免某个合作社蔬菜可能出现的负面影响，从而影响整个车载蔬菜在消费者心中的形象，我们建议采用招标的形式，来选择可进入车载蔬菜市场的农村合作社，以此保护车载蔬菜品牌在消费者心中的地位，守住消费者对车载蔬菜的忠诚度。

最后，在风险收益分析方面，我们对车载蔬菜市场进行了收益及风险的分析，包括对农民、消费者及石景山蔬菜市场三方面的收益分析。其中，对于农民来说，由于直接销售给消费者，节省中间环节，使得成本下降，从而收入得到提高。对于消费者来说，车载蔬菜物美价廉，而且由于在未来与小区长期合作，当遇到蔬菜质量或者车载服务问题时，利于消费者进行追诉，维护自己的合法权益。对于石景山蔬菜市场来说，由于车载蔬菜市场的存在，其物美价廉的竞争力优势会使得整体菜价相应地下降，并且长此以往可利于蔬菜销售渠道模式的优化。在风险分析上，主要包括自然灾害及剩菜风险对车载蔬菜市场的影响。其中，从自然灾害角度分析，自然灾害会对整个农业造成严重影响，对于现在初具规模的车载蔬菜市场的影响势必会更大。从剩菜风险角度分析，初具规模时，车载蔬菜市场影响力小，知名度不高，致使顾客流量不稳定，可能对每天供菜量的估计存在偏差，导致大量剩余蔬菜；当车载规模逐渐变大时，农民对于顾客流量估计能力有限，致使剩菜风险更大。

我们的策划报告立足于石景山区的蔬菜市场和购菜居民的真实情况，方案的分析有坚实的数据基础，使策划结果有很强的可行性。同时，由于我们在调研过程中了解到石景山区确实存在愿意为车载蔬菜市场提供销售地点的居委会，也有愿意协助车载蔬菜市场发展的事业单位，因此，我们的布局方案也具备了很高的可行性。再加上我们为车载蔬菜市场的推广进行的深入而细致的营销分析与策划，使得此方案在可行性高的同时具备了实施空间。所以，期望此方案在石景山区能够成功实施，并能进一步向北京市其他区、县进行推广，为解决"蔬菜卖难买贵"做出我们力所能及的贡献。

附录：石景山区社区居委会基本情况表

石景山区社区居委会基本情况表

社区名称	序号	社区居委会名称	社区户数
一、八宝山街道：14个	1	永乐东小区北社区居民委员会	1360
	2	永乐东小区南社区居民委员会	1133
	3	四季园社区居民委员会	2307
	4	玉泉路西社区居民委员会	1096
	5	鲁谷住宅社区居民委员会	1016
	6	中铁建设有限公司社区居民委员会	628
	7	青年楼社区居民委员会	560
	8	三山园社区居民委员会	2211
	9	瑞达社区居民委员会	1017
	10	电子科技情报研究所社区居委会	340
	11	玉泉西里西社区居民委员会	2454
	12	电科院社区居民委员会	234
	13	玉泉西里中社区居民委员会	1704
	14	玉泉西里北社区居民委员会	2519
二、鲁谷社区：22个	15	依翠园南居民委员会	880
	16	依翠园北居民委员会	1305
	17	双锦园居民委员会	1014
	18	五芳园居民委员会	2398
	19	六合园南居民委员会	1352
	20	六合园北居民委员会	1394
	21	七星园南居民委员会	1040
	22	七星园北居民委员会	923
	23	衙门口东居民委员会	3504
	24	衙门口西居民委员会	3727
	25	衙门口南居民委员会	4703

续表

社区名称	序号	社区居委会名称	社区户数
二、鲁谷社区：22个	26	新华社居民委员会	1842
	27	石景山医院居民委员会	502
	28	久筑居民委员会	1812
	29	西厂居民委员会	1307
	30	永乐西南居民委员会	1569
	31	永乐西北居民委员会	1912
	32	重聚园居民委员会	2291
	33	新岚大厦居民委员会	881
	34	重兴园居民委员会	4079
	35	聚兴园居民委员会	1621
	36	碣石坪居民委员会	1132
三、老山街道：12个	37	老山东里南社区居民委员会	2136
	38	老山东里北社区居民委员会	1717
	39	老山西里社区居民委员会	1297
	40	老山东里社区居民委员会	1479
	41	高能所社区居民委员会	1122
	42	玉泉西路社区居民委员会	562
	43	何家坟社区居民委员会	1228
	44	研究生院社区居民委员会	522
	45	十一号院社区居民委员会	603
	46	翠谷玉景苑社区居民委员会	1071
	47	京源路社区居民委员会	1026
	48	玉泉北里二区社区居民委员会	669
四、八角街道：19个	49	八角北里社区居民委员会	3485
	50	八角中里社区居民委员会	2649
	51	八角南里社区居民委员会	3422
	52	古城南路社区居民委员会	1516
	53	八角南路社区居民委员会	2229
	54	公园北社区居民委员会	1411
	55	建钢南里社区居民委员会	5255
	56	八角路社区居民委员会	1668
	57	杨庄中区社区居民委员会	4534

续表

社区名称	序号	社区居委会名称	社区户数
四、八角街道：19 个	58	八角北路社区居民委员会	2214
	59	八角北路特钢社区居民委员会	1270
	60	地铁古城家园社区居民委员会	1398
	61	杨庄南区社区居民委员会	2072
	62	杨庄北区社区居民委员会	6569
	63	古城南里社区居民委员会	2915
	64	黄南苑社区居民委员会	2206
	65	中铁建总医院社区居民委员会	509
	66	八角景阳东街第一社区居民委员会	1170
	67	时代花园社区居民委员会	1782
五、古城街道：20 个	68	八千平社区居民委员会	720
	69	古城路社区居民委员会	918
	70	南路东社区居民委员会	912
	71	南路西社区居民委员会	1221
	72	十万平社区居民委员会	1592
	73	北小区社区居民委员会	1560
	74	环铁社区居民委员会	878
	75	特钢社区居民委员会	900
	76	西路南社区居民委员会	964
	77	西路北社区居民委员会	450
	78	天翔社区居民委员会	610
	79	老古城前街社区居民委员会	1193
	80	老古城后街社区居民委员会	1175
	81	北辛安大街社区居民委员会	1108
	82	北辛安铁新社区居民委员会	1056
	83	北辛安南北岔社区居民委员会	1233
	84	水泥厂社区居民委员会	509
	85	南大荒社区居民委员会	1072
	86	白庙社区居民委员会	498
	87	庞村社区居民委员会	276
六、苹果园街道：22 个	88	苹一社区居民委员会	2366
	89	苹二社区居民委员会	1792

续表

社区名称	序号	社区居委会名称	社区户数
六、苹果园街道：22个	90	苹三社区居民委员会	2576
	91	苹四社区居民委员会	1309
	92	海特花园第一社区居民委员会	1856
	93	海特花园第二社区居民委员会	2069
	94	海特花园第三社区居民委员会	2182
	95	西井社区居民委员会	1850
	96	西黄村社区居民委员会	1823
	97	边府社区居民委员会	1510
	98	琅山村社区居民委员会	1856
	99	八大处社区居民委员会	989
	100	三疗社区居民委员会	1089
	101	军区大院第一社区居民委员会	1609
	102	军区大院第二社区居民委员会	2369
	103	下庄社区居民委员会	2156
	104	军区装备部大院社区居民委员会	713
	105	西黄新村社区居民委员会	1468
	106	西山枫林第一社区居民委员会	
	107	西山枫林第二社区居民委员会	1810
	108	西黄新村东里社区居民委员会	336
	109	西黄新村西里社区居民委员会	2506
七、金顶街街道：16个	110	金顶街一区社区居民委员会	3124
	111	金顶街三区社区居民委员会	1498
	112	金顶街四区社区居民委员会	1670
	113	金顶街五区社区居民委员会	1943
	114	西福村社区居民委员会	1786
	115	赵山社区居民委员会	1023
	116	铸造村社区居民委员会	1672
	117	模式口东里社区居民委员会	1332
	118	模式口北里社区居民委员会	862
	119	模式口南里社区居民委员会	1738
	120	模式口中里社区居民委员会	1398
	121	模式口村社区居民委员会	1595

续表

社区名称	序号	社区居委会名称	社区户数
七、金顶街街道：16个	122	模式口西里南区社区居民委员会	1554
	123	模式口西里中区社区居民委员会	1633
	124	模式口西里北区社区居民委员会	1578
	125	金顶街二区社区居民委员会	2496
八、广宁街道：4个	126	东山社区居民委员会	912
	127	麻峪社区居民委员会	1460
	128	新立街社区居民委员会	1363
	129	高井路社区居民委员会	1445
九、五里坨街道：11个	130	东街社区居民委员会	1137
	131	西街社区居民委员会	1303
	132	高井社区居民委员会	1153
	133	黑石头社区居民委员会	783
	134	军区联勤部大院社区居民委员会	1397
	135	西山机械厂社区居民委员会	1039
	136	红卫路社区居民委员会	558
	137	南宫社区居民委员会	398
	138	石府社区居民委员会	586
	139	隆恩寺社区居民委员会	1225
	140	隆恩寺新区社区居民委员会	821

第 11 章　拥堵期间出租车动态定价案例分析

11.1　方案设计背景

出租车行业的改革问题已经成为众多专家学者讨论的焦点，关于市场的数量规制、价格规制以及达到供需平衡的保有量、多方利益分配问题已经跟随行业发展趋势愈演愈烈。随着国家对公共交通的大力发展，成品油价格不断提高，也就预示着出租车的运营成本上涨。而且乘客对出租车的需求也越来越多样化，对生活品质的要求也在不断提高，当前出租车的市场供给无法满足乘客的多样化需求。对于我国来说，大力发展出租车预约制是未来趋势，预约制在西方发达国家已经得到普遍的运用，并取得良好的管理成效。中国逐渐有企业发现O2O叫车模式隐含的巨大商机，与出租车司机的合作，不仅可以获得大量订单，还能有效提高出租车的实载率，甚至在高峰时段通过价格调整供需，增加司机收入，帮助对出租车有迫切需求的客户叫到车，使得时间成本达到最优化。

打车软件处在发展的初级阶段，定价机制不够完善导致了供需匹配度低、时间成本高等不良现状。对于打车软件影响下的出租车市场，我国多数大城市政府与出租车公司正在研究适应方案，寻找更优的定价解决方式。我们团队结合我国出租车市场的特点以及现有的打车软件运营模式，从涉及的多个客体角度出发，通过多方协作，达到新环境下的动态定价平衡，为政府、出租车公司以及打车软件公司的未来发展提供决策基础。

11.1.1 动态定价实施的必要性

目前打车软件刚刚在国内出现，其主要的盈利模式还未确定，需要更多的时间进行探索。尤其需要指出的是，叫车市场目前规则不完善，简单的加价功能将原有公共交通资源的分配矛盾加剧，破坏了路边叫车和打车软件叫车的公平竞争，需要打车软件公司尽快出台相应定价改革措施，不然可能会影响其今后的发展。

动态定价与简单的加价是不同的概念：加价是目前打车软件平台广泛运用的一种"付小费"方式，目的是通过加价在高峰、特殊路段、特殊时间段或者不同需求时通过给司机加费以促使司机接单，但这样的加价机制并不能解决消费者对时间成本的考虑以及消费者与司机之间供求关系的平衡；动态定价则完全是综合考虑了不同路段的路段状况、不同时间段的需求状况等多种变化因素，综合利用互联网数据处理平台，制定出的价格可变的定价机制。它能将拥堵停车、需求状况不同等条件都考虑进去，综合分析。这样就能将消费者与司机之间的供需匹配度提高，也能将供需双方的时间成本降低。

实行动态定价方式，能合理解决司机和消费者的时间成本问题。在高峰雨雪天气，或是乘客对出租车到达时间有要求时，按照一定的加权计算方式给予乘客相对平日有所提高的指导价格，并且乘客可在此范围内自愿选择加价数额，以价格作为杠杆调整供需。如果实施统一的动态定价系统，对于打车软件推行初期遇到的黑车管理、出租车市场管制以及交通管理等方面问题的解决都能够起到积极的帮助。

此次阜石路周围交通流量的观测使我们得到了交通拥堵程度与实践路段的内在联系。我们将一天中不同时刻、不同路段的交通拥堵状况进行了细致的观测，通过流量图和仿真模拟得到了真实可靠的调研结果。最后，我们通过一手资料收集、模拟程序实验等多种调研方法的运用，设计出了一套较合理的动态定价模型机制。希望此模型的设计对打车软件平台的计价系统能有建设性的帮助，也希望对解决北京市交通拥堵问题提供建设性解决办法。

11.1.2 打车软件发展过程

打车软件是一种舶来品，知名的打车软件是来自美国的Uber。其设计初衷是为了让不具有识别性的可营运私家车得到更多载客量。国内把这种模式直接导入出租车市场，使出租车达到载客效率最大化。我国的第三方打车软件兴起于2013年年初，发展至今，市面上此类软件已有不少，用户均可从手机软件下载网站免费获得，品牌琳琅满目，其功能却相差无几。现在的第三方打车软件是基于智能手机的一种软件，均为非出租车公司指定的第三方软件公司开发，独立运营，目标是让乘客通过智能手机用最迅捷的方式打到出租车，也能让出租车师傅在需要的时候接到更多的订单并赚到更多的钱。用户在使用该软件时，需先通过手机号注册个人信息，随后用文字或语音的形式输入出发地和目的地，输入出发地时也可用系统自带的GPS定位功能自动定位当前位置，再选择约车时间，愿意支付的小费等。通过手机发送预约订单后，所有安装此软件的司机客户端会出现该订单信息，一定时间内若有司机接单，乘客的手机上便会跳出接单出租车司机的车牌号和地理位置。出租车司机便会在约定时间内到接客点等候乘客。

此次调研活动，我们选择了北京市重要的交通运输道路枢纽——阜石路，来观测交通运输流量和交通拥堵状况，记录了不同时间段、不同路段车辆的流量，以此来测算交通拥堵的程度。阜石路是北京市东西走向的主要城市道路之一，是一条出入京城的重要交通干线。通过对阜石路交通流量的观测，我们总结出了拥堵程度对动态定价的影响。在非叫车高峰时期，手机打车软件作为信息化新应用，不但可以方便市民，还可以降低出租车空驶率，起到资源优化配置、促进节能减排的作用，积极意义应该受到重视。但在叫车高峰时期，乘客为吸引司机接单、提高叫车成功率，打车软件中的"小费加价"功能逐渐兴起，出租车行业由此出现无序竞价的现象。高峰约车"价高者得"，甚至成为一种变相涨价，这是有违政府规制的出租车行业定价规则的。在打车软件出现之前的较长时期，出租车司机和乘客之间信息不对称导致出租车司机拒载乘客事件频发，尤其是在高峰时段以及恶劣天气的情况下。

在大数据环境下，打车软件的发展并没有完全跟上时代的脚步，在软件定价机制的发展中仍然存在不成熟的方面。打车软件发展至今面临的新问题是在定价方面的改善。未来打车软件要想更好地发展，必须解决定价机制的问题。动态定价将是打车软件发展中需要面对的改革。

11.1.3　动态定价搭载互联网平台共同发展现状

打车软件作为一项新型的电子商务模式对互联网的发展有着重要的影响，对于交通运输的作用也意义重大。打车软件的发展前景十分广阔。但是前提是我们要用最规范的方式去管理打车平台。动态定价搭载互联网平台发展的过程对互联网平台本身，对出租车行业，对北京市交通拥堵状况都有一定的影响。

首先，打车软件借助互联网平台运行对互联网本身的发展有积极的影响。互联网对动态定价最重要的作用体现在动态定价机制能充分利用互联网提供的数据进行动态定价变量因素的综合分析，从而显示出具有实时变化的打车费用。互联网具有信息收集及时性、广泛性、多样性的特点，目前打车软件利用了互联网平台进行消费者需求与司机接单的匹配功能和互联网的移动支付功能等。但是互联网的发展还有非常广阔的前景，动态定价机制的研究将开启互联网平台信息整合和数据分析能力的新天地，将互联网资源配置能力达到最大化。

其次，动态定价机制对出租车行业的发展起到推动作用。近几年，打车软件的迅速发展，使得传统的出租车行业受到了重创，于是越来越多的传统出租车司机也开始利用打车软件来搭载乘客。当然，一些专门使用打车软件的专车也越来越多，甚至出现了一些"黑车"来搭载乘客，这也扰乱了消费者和交通运输市场的秩序。这是因为，目前的计价机制不够完善，司机通过简单的加价或者减价方式让乘客搭载，这对出租车行业的正常运行是十分不利的。于是，只有合理的动态定价机制出现才能规范出租车市场和交通运输行业。动态定价方式对出租车行业的发展意义重大。

最后，动态定价对解决北京市交通拥堵状况有积极影响。此次我们对阜石路进行了观测调研。阜石路位于北京城区的西面，路东与阜成路、阜外大街、阜内大街、朝阳门内大街、朝阳门外大街、朝阳路贯通，是一条出入京城的重要交通干线。阜石路作为北京市的交通运输要道，能集中体现北京市各大交通拥堵地点的特点。对于这个样本的研究分析能集中代表北京市各个交通拥堵点的交通状况。车辆的位置数据对智能交通也具有一定的意义，其浮点数据本身就可作为动态交通的基础数据。出租车投放数量的增加，并没有解决城市交通"打车难"这一问题，反而使出租汽车的运营效率呈下降趋势，相信常坐车的人都有过这种体验。城市人口规模的扩大、人类社会活动的不断多元化都增加了对出租车的需求；随着城市交通拥堵状况不断加剧，为避免堵车影响收入，上下班高峰时段很多司机不愿意跑拥堵路段和主城区，导致市民在一些交通枢纽、商业中心、医院附近很难打到出租车；城市建设影响了出租车的使用效率。动态定价能够更好地使消费者与供应方达到供需的最大匹配，这样就会促成更多的交易，也会相应地解决消费者等待时间长、司机拒载等问题，也会解决拥堵时时间价值成本的问题。合理的动态定价根据北京市拥堵路段、拥堵时间段也做出相应的定价调整，将出租车辆通过变价的机制分散到不同需求区域，不仅减少了交通拥堵现象，也通过动态定价调节了不同时段、不同路段的供需平衡，能更有效地解决北京市拥堵问题。

11.2 解决方案概述

11.2.1 方案的提出

近些年，打车软件的动态定价机制在国外已经发展得相对成熟，但是，将动态定价机制引入我国却出现了水土不服的情况。事实上，合理的动态定价对于供给者和消费者都是有益的。结合北京市现在的交通拥堵状况，合理的打车动态定价机制也可以缓解交通拥挤的情况。为了让市民接受打车软件的动态定价机制，提高交通运输效率，改善目前道路拥堵的情况，我们进行如下方案设计。

11.2.1.1 缓解交通拥堵

通过调研以及对北京交通情况的了解，上下班高峰期、节假日都会造成枢纽路段严重拥堵、非枢纽路段拥堵的情况。造成拥堵的原因有如下三点：

（1）私家车数量急剧增多，道路资源严重缺乏；

（2）人流运输时间太过集中，运输资源不足；

（3）公共交通资源分配不均，没有充分利用。

我们的方案重点针对第二、第三两点展开，将动态定价运用于公共交通运输中的打车服务中。实行动态定价，通过网络平台，加快消费者与司机之间的信息交流，提高运输效率。此外，在拥堵时期提高相应的价格，这样打车的费用一定会高出传统定价。价格提高以后，消费者就会根据自己的实际经济情况，重新选择交通方式。还有，提高价格后，有些私家车主也会加入到提供服务的行列中来，这样不仅会增加供给，解决了消费者需求远远大于供给的状况，也会让车主得到相应的利益，继续提供服务。也就是说，在道路现有车辆不变的情况下，需求会减少，供给会增加，道路拥堵的情况也就能得以改善。

我们了解到现在大多数的打车软件以及出租车的收费方式都是非动态定价机制，无论是交通拥堵期还是非拥堵期都是一样的价格，这样，消费者和司机的时间价值都无法体现。我们知道，每个人的时间价值都有所不同，因此动态定价机制的存在是合理的，而我们要做的就是结合北京市现状，调研得到相关人群的时间价值，制定出一套合理并且科学的动态定价机制。

就目前的情况来说，非重要时间大量私家车被限行以及短时间内增加道路资源等都是极难实现的，所以实行动态定价机制成为改善交通拥堵的可行方案。采用高峰时间段提高价格和非高峰时间段降低价格这样的方法对需求方和供给方做一下调整，也许就能改变拥堵的现状。

11.2.1.2　提高运输效率

现有打车软件的计价方式已存在多年，随着时代的进步，社会的发展，统一的定价机制也已经跟不上时代的脚步，动态定价机制应运而生。

现有的统一定价机制，不但不能体现出司机以及乘客的时间价值，还会使司机在高峰时段故意避开拥堵路段，而拥堵路段一般需求量很大，因此就会出现供不应求。动态定价，能科学地反映出司机与乘客的时间价值。拥堵路段行驶时间长，可以通过提高价格来弥补时间成本和机会成本。同时，本组方案设计会再通过各类打车软件将司机与乘客快速配对，尽量将等待时间降到最短。实施快速配对，不但可以让乘客在最短的时间内打到车，还会减少他们的烦躁心理，有关研究表明，乘客感觉等车时的一分钟相当于他在车里度过的三分钟。所以,将等待时间降到最短,会让消费者对动态定价产生好感,从而使消费者更容易接受动态定价。结合动态定价与快速配对这两种措施,减少了时间和资源的浪费,增加了车辆运转的次数,提高了运输效率。

11.2.1.3 充分利用 Internet 和大数据的优点

Internet 的出现正改变着传统的市场环境。一方面市场环境的不确定性增加,向着有利于动态定价机制运行的市场环境发展,另一方面则进一步恶化了静态定价机制运行的市场环境。同时,Internet 也为动态定价机制的实际运行提供了切实的保障,并为动态定价提供了可能性。基于Internet全球到达的特性,所有与Internet相连接的计算机用户都能很容易地参与到Internet的交易活动中来,Internet的这一特性有效地扩大了买者和卖者地理上的到达,Internet上的买者和卖者的到达是以一种膨胀的、前所未有的方式聚合。正是由于这种扩大和聚合导致了需求或供给的不可预测性,整个市场中的参与人信息几乎不为人所知,形成不确定的市场环境,正是这种不确定的市场环境有利于动态定价机制在Internet上的运行。在线动态定价在时间和地理上都给参与人提供了更多的方便,参与人可以待在家里或办公室里,随时通过与Internet的连接参与到定价过程中,降低了在线参与人的交易成本。交易成本的降低使得一些原本不可能运用动态定价机制来确定市场价格的商品类型在Internet上成为可能。

因为互联网平台可以记录下每一笔交易的足迹,将交易汇总就会呈现给我们一份大数据,基于此前所有打车软件的交易,我们将成功交易的各种价格作为制定动态定价的依据,设计出一套完整的算法,服务于动态定价,服务于公共交通。

11.2.2 方案的目标

11.2.2.1 解决交通拥堵时的出租车定价问题

北京市现在的道路拥堵问题已经被广泛关注,解决道路拥堵问题也势在必行。然而,在不能快速解决拥堵问题的当下,如何制定出合理的出租车收费机制也是一个值得研究的问题。根据拥堵情况收费，在日本、美国等国家已经开始实行，但是在我国，还没有人深入地研究过这个问题。通过此次物流设计大赛，我们想制定出一套根据拥堵情况而价格变动的定价机制，即动态定价机制。

对于我们而言，动态定价并不是一个完全陌生的词汇。在自由交易市场中，同样的商品价格不同的情况很是常见。但是，打车软件的动态定价就让我们难以接受。首先，自从有了出租车这个行业以来，一直实行的是统一定价的原则，十几年的思维习惯很难在一时间改变。其次，高峰期提高价格，如果没有一个合适的计算方法，未免让消费者觉得这样在道德上行不通。可是，如果是一套科学合理的动态定价机制，对于消费者和司机都是有好处的，那这套机制的实施也就不会那么困难。

如果实行动态定价，那么就可以更好地体现时间价值。不仅消费者需要考虑时间价值，司机也同样需要考虑时间价值。不同的时间段，不同的人就会有不同的价值，怎样让这个不同得以显现，动态定价就可以做到。

近年来，国内涌现出越来越多的打车软件，滴滴打车、快的、易到、Uber等层出不穷。大多数软件都在实行传统的统一定价模式，虽然Uber率先实行动态定价，但是在中国的发展也不尽如人意，出现了水土不服。究其原因，我们认为是Uber的动态定价机制的设计没能符合中国的国情以及中国的文化，导致大多数人对Uber有抵触情结。

本组的动态定价机制，本着服务国人的思路出发而进行设计，通过动态定价，让时间价值得到彰显，也让动态定价更符合我们的国情。

11.2.2.2 将网络优势发挥到最大

动态定价机制由来已久，谈判和拍卖至少可以追溯到两千多年前。尽管动态定价历史悠久，但将在线技术引入动态定价机制，在Internet上模拟传统动态定价流程规范进行交易则是相对较近的事。随着计算机和通信技术的飞速发展，特别是Internet和Web的出现，人们目睹了在Internet上运作的B2C和B2B电子商务网站中出现的各种类型的定价机制。Internet和电子商务为许多企业进入新的市场提供了空前的机会，许多传统企业以及新兴起的Internet企业正利用这些交互式市场来有效地扩大商业机会、增加收益及降低成本。基于动态定价机制的电子交易在整个商务活动中所占比例将会越来越大，受动态定价机制驱动的动态商务将是未来电子商务发展的方向。

根据目前情况来看，Internet不仅可以带动经济的发展，还可以解决经济快速发展而产生的问题。我们将动态定价与互联网相结合，解决北京市的交通拥堵问题，将网络效益进一步扩大，将网络的优势发挥到淋漓尽致，这也是我们设计的目标之一。

11.2.2.3 缓解交通拥堵

北京市的交通拥堵问题越来越被社会所关注，因为拥堵，许许多多的工作者不得不提前很久出门，所以，解决当下的交通拥堵问题势在必行。然而北京的交通问题并不是由一个因素决定的，要想改变现状，我们面临的挑战还很大。

动态定价机制的实施，需要政府的大力支持，制定相关制度，鼓励和监督动态定价机制的实行；需要市民的积极响应，了解动态定价，相信动态定价会造福大众；也需要各大打车软件的全力配合，全力推行动态定价，推出优惠活动，让更多的人体验动态定价的合理性。动态定价，其实就是根据不同人的时间价值不同，愿意支付的消费金额也不同，由此迫使一些消费者选择公交或者地铁等其他的交通方式。需要运输的人流减少，车辆也就会减少，交通拥堵情况就能得以缓解。

11.3 现有动态定价机制的设计

11.3.1 针对拥堵消耗时间设计的三种定价机制

11.3.1.1 起步价+公里数的定价机制

顾名思义，此类定价机制单纯考虑起步价与每公里单价对消费者进行静态收费，由于实验地区位于多发拥堵的北京市，该种定价机制无法适应拥堵路段计价需求，在北京基本已经被放弃使用。

11.3.1.2 起步价+公里数+停时等待费用的定价机制

此类定价机制被国内一二线城市的出租车市场所采用,该形式也是出租车的普遍计价形式,即使如此,各家打车软件公司的具体算法各不相同。但一般情况下,从乘客上车开始,首先会收取10~15元不等的起步费,后续根据不同公司的不同定价原则,收取里程费用以及停时等待或低速行驶部分的额外费用,三者共同组成本次打车所需费用。

如今的打车软件和初期相比已经衍生出了多种业务,除了常见的出租车外,专车、快车、拼车等将出行市场做了进一步的细分,每一种产品都对应了不同的人群,且当初的打车软件已经培养出了用户习惯,操作方式几乎一模一样,让用户没有陌生的感觉。在所有的新产品中,专车出现时间较早,最受大众推崇,且大部分打车软件中都能找到专车的身影,专车作为一种比较高端且较为成熟的出行衍生方式出现,最适合成为我们本次针对各款打车软件现行定价机制开展调查的工具。

《2015年中国移动出行应用市场研究报告》显示,滴滴专车与Uber分别夺取了第一与第二名的成绩,目前滴滴专车占据中国专车服务订单量市场份额的80.2%,而第二名的Uber则占据了11.5%,其余专车产品分享剩余的8.3%。最喜欢用打车软件的城市前五名分别为北京(订单量占比14.2%)、上海(订单量占比13.6%)、杭州(订单量占比11.5%)、深圳(订单量占比11.5%)以及广州(订单量占比9.3%),这五个城市人口密集,经济发展速度更快,对打车软件的需求也比较高。因此,我们首选北京作为调查城市。

六位调查人员在中午11点半统一从中关村海龙大厦出发,目的地定在二环附近的鼓楼西大街,选取这段路的原因是该路段路况较为综合,既有较为顺畅的环路,也会经过可能出现拥堵的环路连接线,符合一般出行时路况。

五种不同打车软件及北京市普通出租车的定价规则见表11-1。

表 11-1 五种不同打车软件及北京市普通出租车的定价规则

打车形式	车型	起步价	每公里单价	停时等待单价	总价
出租车	伊兰特(经济型)	13元(3公里)	2.3元	1元/2.5分	35元
滴滴专车	索纳塔8(经济型)	12元	0.29元/0.1公里	0.6~1元/分	35.9元
Uber专车	别克GL8(商务型)	15元	2.17元	0.3元/分	22元

续表

打车形式	车型	起步价	每公里单价	停时等待单价	总价
易到用车	北汽200	8元	1.99元	0.4元/分	43元
一号专车	奇骏	15元	2.9元	0.5元/分	56.9元
神州专车	奇骏	15元	2.8元	0.5元/分	60元
滴滴快车	马自达3（经济性）	无	0.15元/0.1公里	0.35元/分	最低消费10元
滴滴顺风车	大众帕萨特	10元（3公里）	1.3元	无	单次封顶99元

11.3.1.3 根据区域订单数量对总费用进行加倍的动态定价机制——滴滴快车

除去以上两种常见的定价模式，以滴滴打车为首的打车软件公司最近开始尝试采取对总费用加倍的手段调配旗下的司机前往不同的区域接客。而国内打车软件公司规定，采取的加倍区间从1.5倍到4倍不等，此类加价模式从某种意义上符合向动态定价发展的方向，但如此简单的加价模式难免存在一些问题。例如，针对拥堵路段的变价，在增加停时等待费用的同时，在里程费用部分的加价会让消费者产生反感心理，一定程度上减少交易的达成；其次，这种定价机制不太符合中国人的消费观，面对这种强制的加价手段，多数人会选择等价格回归正常后再选择打车，这样，如此定价的优势效果恰恰被冲淡了；最后，对于司机方来说，国内定价机制的4倍上限虽然有价格驱动的作用，但由于政策方面的原因，和Uber的8倍上限相比吸引力还是稍弱一些，调配的效果无法达到预期。总体来说，此种定价机制的效果除了需要一定外在条件的配合外，还有一些细节需要继续深究。

11.3.2 通过价格手段调节供需平衡的动态定价机制

纵观当今打车软件市场中的各家公司，如果给计价系统的领先性排个序，Uber的地位是毫无疑问的。除去打车软件公司普遍采用过的补贴手段，Uber的区域加价算法，即随时针对某些区域加价的手段在目前的中国出租车市场是最成熟的。和滴滴快车采用的打车费用加倍的手段类似，Uber也会通过成倍提高乘客的打车费用来控制供需，而亮点在于，司机端的Uber可以看不同片区的不同加价倍数，所以司机可以前往邻近的倍数高的区域接客，这样弥补了普通的加倍方案中司机的主观选择权的缺失。相比Uber，一般的加倍方式是司机被动接受加价并按系统的引导向附近车少人多的地方流动，而Uber给了司机选择的余地，一定程度上促进了交易的达成，而且调配效果的达成往往比普通方式更加快捷。

然而，目前Uber的这种定价机制并不能称得上完美。首先，这种动态算法还是没有针对不同的路况给予一个最佳的单价组合，如针对某种拥堵情况，里程单价降低0.5元，而停时等待费用提高1元，使司机与消费者双方达成一种供需的最佳平衡，营造双赢的局面；其次，对于司机一方，可能会存在当他意图向某一高倍区域流动的同时，不止他一人做出了类似的决定，导致过多的司机同时向一方流动，造成供需失调，甚至等他赶到目标区域时，打车价格已经回归正常，这会对司机产生"狼来了"的不良心理影响；最后，对于消费者一方，复杂的计算过程可能理论上是最佳的，但由于不能简明扼要地向消费者阐明变价的缘由，造成部分消费者不明就里，甚至认为打车软件漫天要价的不良后果，与初衷相悖。

11.3.3　打车软件的司机指派方式

目前，打车软件市场主流的两种司机指派方式为抢单以及系统默认指派，而这两者各有利弊。

抢单，顾名思义，在一定程度上满足了司机一方的主观偏好，但对于消费者来说，得到的结果大部分情况下不是最佳的，另外，这种方式还存在一个严重的弊端，就是没有起到打车软件的主要功能，即调配司机，满足供需平衡的作用。但与此同时，抢单功能会将消费者的订单信息同时发送给周围的10个司机，给他们一段时间抢单，这样的方式显然效率更高，更容易达成交易。

而后者的系统自动指派方式，以Uber为首，该系统将消费者的订单信息随机指派给最近的一个司机，如果该司机在8秒内选择拒绝，则给下一个司机，当连续8个司机选择拒绝后，该乘客的订单信息进入下一轮指派，后续指派形式同上。这种指派方式，一定程度上使成交效率有所下降，但Uber想出了自己的应对手段——拒单率限制。在Uber旗下的司机选择拒单的同时，系统会自动计算该司机的拒单率，当其超过50%的时候，系统自动停止该司机24小时内的接客功能，再次逾限时该司机将永久性被Uber剔除队伍。这一功能类似于普通出租车的拒载，符合消费者优先的商业原则。

11.4 动态变价方案可行性分析及最优方案选择

11.4.1 方案介绍

在对出租车供给情况、消费者需求情况、交通拥堵程度进行测定分析后，我们将以上三个重要影响因素进行了综合分析，依据司机行驶路段不同、时间段不同，用Matlab软件仿真了动态定价机制的运作程序。

首先，我们选择了阜石路作为交通拥堵状况调研的观测点。阜石路是北京市东西走向的主要城市道路之一，位于北京城区的西面，路东与阜成路、阜外大街、阜内大街、朝阳门内大街、朝阳门外大街、朝阳路贯通，是一条出入京城的重要交通干线。我们通过对车辆流量的测算得到2015年8月18日6:00—9:00阜石路快速路从西五环到西四环的流量统计表。我们将根据各时间的车流量，运用Vissim仿真，得到拥堵时间的分布情况。Vissim仿真将每一辆车视作仿真的对象，能够真实地模拟出车辆的跟驰、超车、变换车道等行为，清晰地表现出路网的几何形状，能够精确地模拟出短时段内交通流的波动情况。通过Vissim对路段进行仿真，在线生成可视化的交通运行状况，从而得到离线输出行程时间的统计数据（见图11-1）。

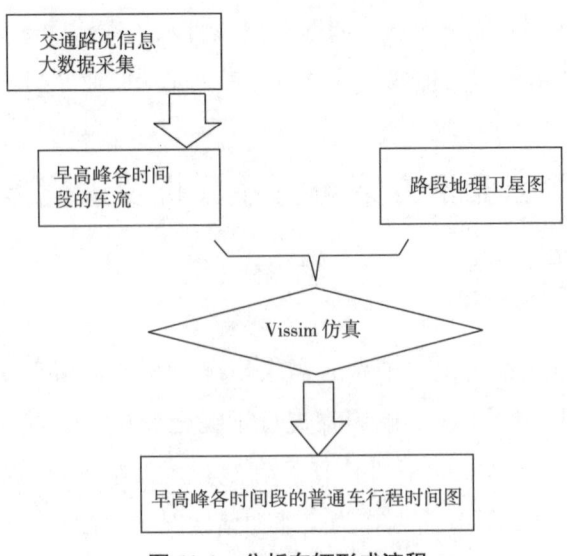

图 11-1 分析车辆形成流程

接下来我们将对消费者和出租车司机进行供需调研，进行时间成本和时间价值的测算。具体的方法如图11-2所示。

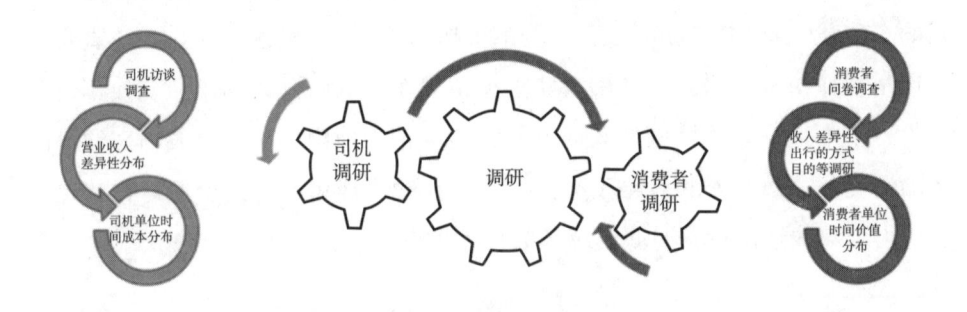

图 11-2 时间价值调研

其次，我们对北京市出租车的收入状况进行了调研，调研通过问卷调查、访谈法和文献法收集到了司机收入的数据。北京市出租车司机的工资收入包括每个月扣除油钱和份子钱的营业收入和公司发放的劳务收入，由于我们只关心营业收入，所以扣除这2000元的劳务收入。而份子钱、油钱和修理费合计为5500元，综合得出司机每个月的平均收入为9500~13000元。在得到司机的收入测算结果后，我们将数据除以11520得到司机的时间成本分布频率图，最后通过输入Origin软件中进行E指数的函数拟合，展示出时间成本的分布状况，通过函数计算得到出租车供给的系数（见图11-3）。

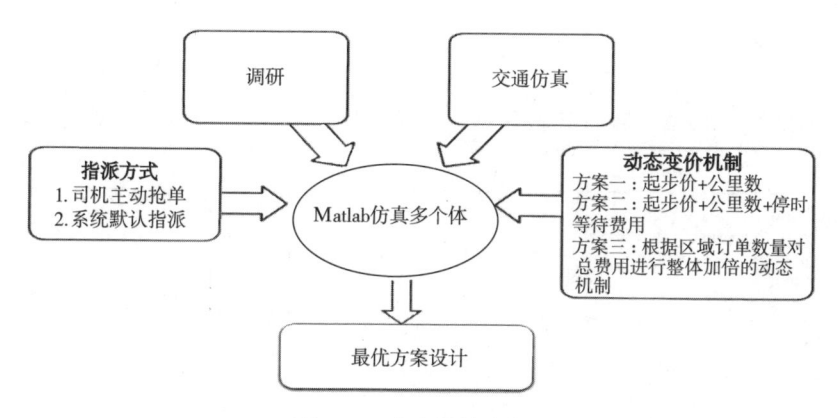

图 11-3　方案设计流程

最后，我们对消费者的需求状况进行了调研。同样，通过问卷调研、访谈法，得到了消费者需求状况的影响因素，通过正态函数得到了消费者每分钟的时间价值对数正态分布的均值。消费者的时间价值与消费者愿意支付价格分布相似，所以消费者愿意支付价格曲线也是如此。通过绘制曲线图得到了消费者的需求状况，并通过函数得到了消费者的需求系数。

在对以上三项基本因素进行综合分析后，我们将得到的三项系数运用在仿真模型中，通过输入车辆流量数据，得到最优的定价机制（见图11-4）。

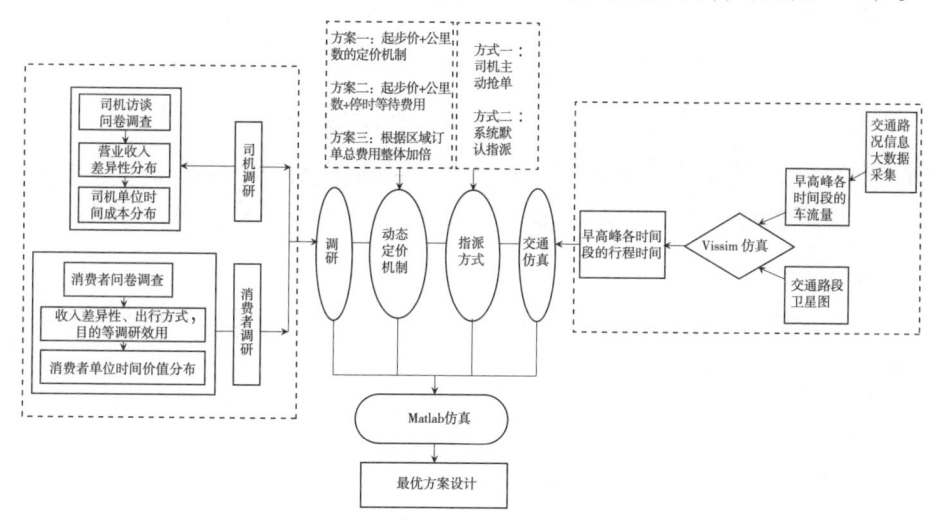

图 11-4　最优方案设计流程

11.4.2 拥堵时间分布

根据前面的调研，我们已经得到了各个时间段的车流量情况，如表11-2所示：

表 11-2 2015 年 8 月 18 日 6:00—9:00 阜石路快速路从西五环到西四环的流量统计

时间	流量	时间	流量	时间	流量
6:00-6:05	2520	7:00-7:05	3960	8:00-8:05	2868
6:05-6:10	2676	7:05-7:10	3924	8:05-8:10	2736
6:10-6:15	2592	7:10-7:15	3756	8:10-8:15	2760
6:15-6:20	3000	7:15-7:20	3708	8:15-8:20	2784
6:20-6:25	3312	7:20-7:25	3576	8:20-8:25	2964
6:25-6:30	3420	7:25-7:30	3072	8:25-8:30	2844
6:30-6:35	3504	7:30-7:35	3204	8:30-8:35	2760
6:35-6:40	3780	7:35-7:40	3108	8:35-8:40	2580
6:40-6:45	3900	7:40-7:45	3192	8:40-8:45	2460
6:45-6:50	3684	7:45-7:50	2820	8:45-8:50	2316
6:50-6:55	4176	7:50-7:55	2688	8:50-8:55	2184
6:55-7:00	4044	7:55-8:00	2628	8:55-9:00	2016

现在，我们将根据各时间的车流量，运用Vissim仿真，得到拥堵时间的分布情况。

11.4.2.1 关于 Vissim 仿真

Vissim是一种微观、基于时间间隔和驾驶行为的仿真建模工具，用以建模和分析各种交通条件下（车道设置、交通构成、交通信号、公交站点等），城市交通和公共交通的运行状况，是评价交通工程设计和城市规划方案的有效工具。

它基于微观模拟，将每一辆车视作仿真的对象，能够真实地模拟出车辆的跟驰、超车、变换车道等行为，清晰地表现出路网的几何形状，能够精确地模拟出短时段内交通流的波动情况。

通过Vissim对路段进行仿真，在线生成可视化的交通运行状况，从而得到离线输出行程时间的统计数据。

11.4.2.2 Vissim 仿真流程

（一）建立路网

依靠于从西五环到西四环公交车和非公交车的流量数据与卫星地图，建立阜石路由杨庄东站至阜成路，西翠路交叉路口处的路网模型，并设置下游阜成路，西翠路交叉路口的信号控制方案（见图11-5、图11-6）。

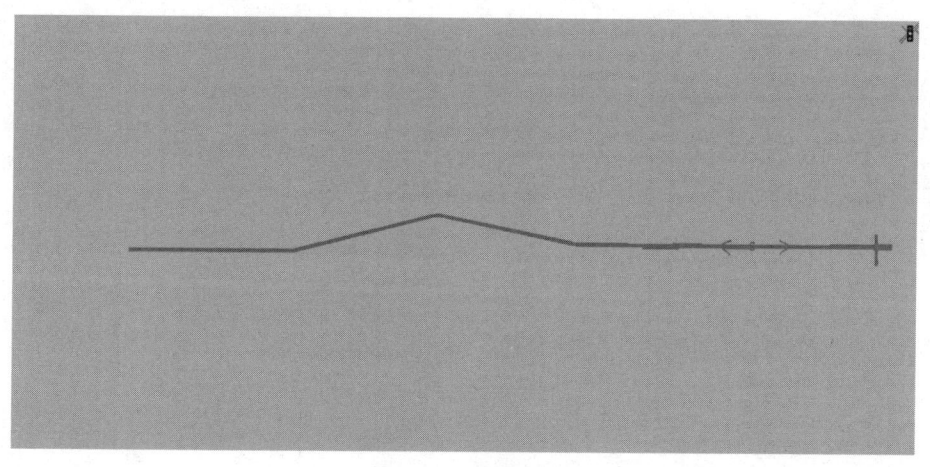

图 11-5 仿真路网

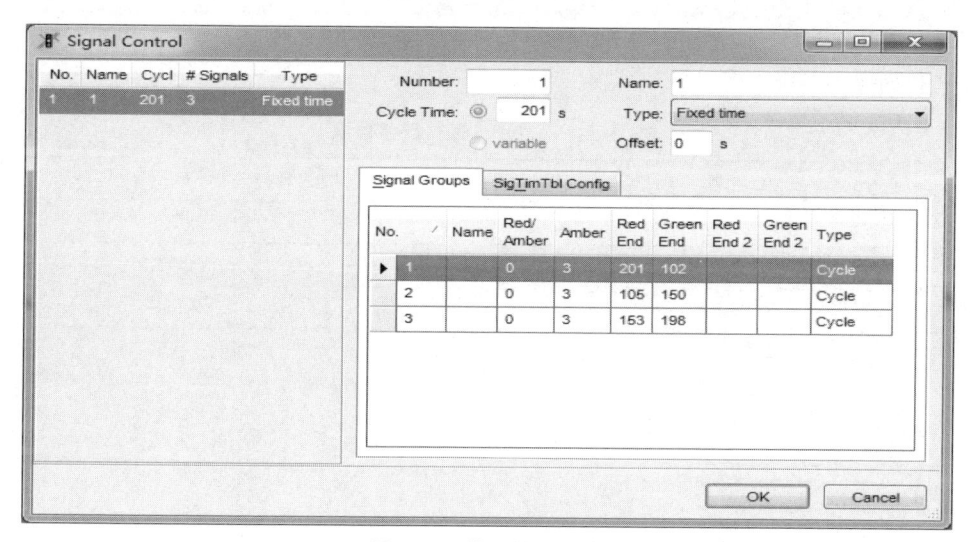

图 11-6 信号控制方案

（二）输入仿真数据

建立车辆模型分布、期望车速分布、停车时间分布、车辆类型、类别、驾驶行为分布、跟车行为分布、车道变换等。输入流量，并设置仿真关键参数（见图11-7、表11-3）。

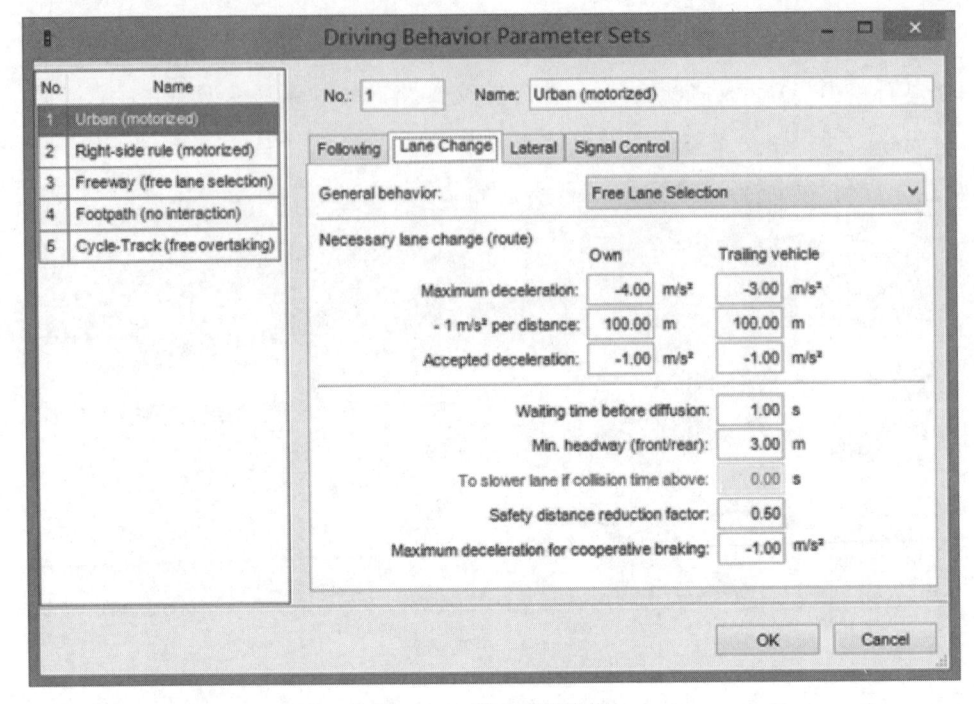

图 11-7　仿真基础数据

表 11-3　Vissim 仿真关键参数表

参数	类型	
	非公交车	公交车
普通车道车辆比率	0.98	0.02
普通车道期望车速分布	（30,80）	（30,60）

（三） 仿真运行

仿真运行情况见图11-8至图11-10。

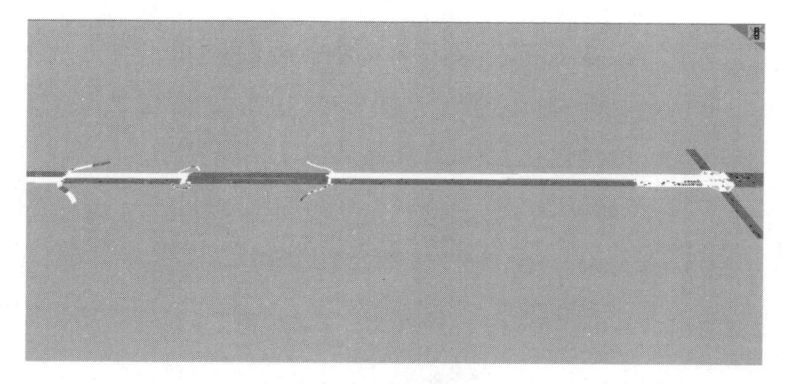

图 11-8　仿真运行 1

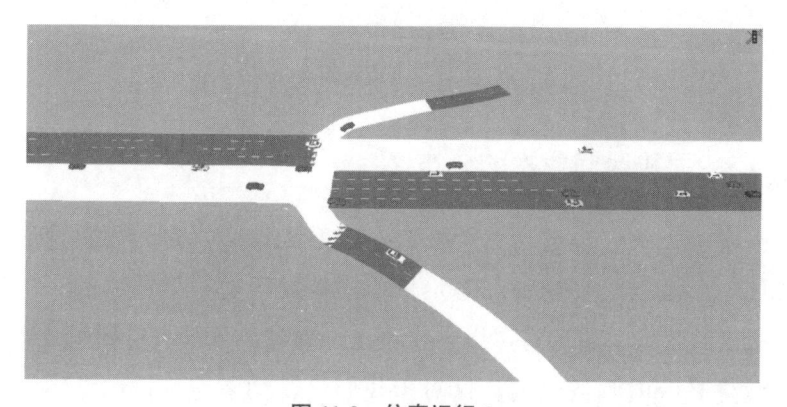

图 11-9　仿真运行 2

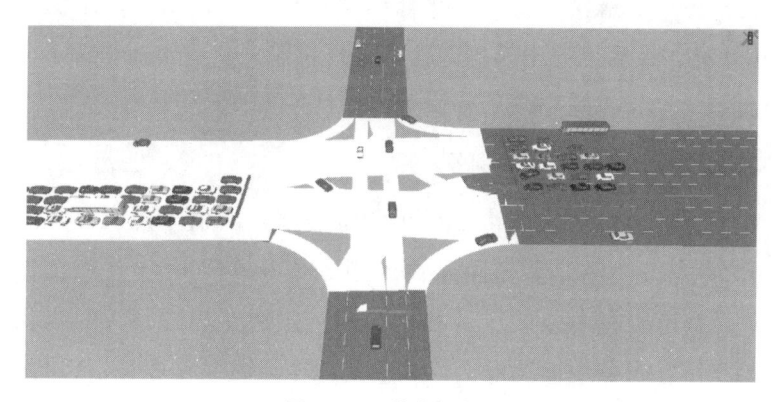

图 11-10　仿真运行 3

（四） 仿真评价

通过仿真运行，得到行程时间评价文件，见图11-11。

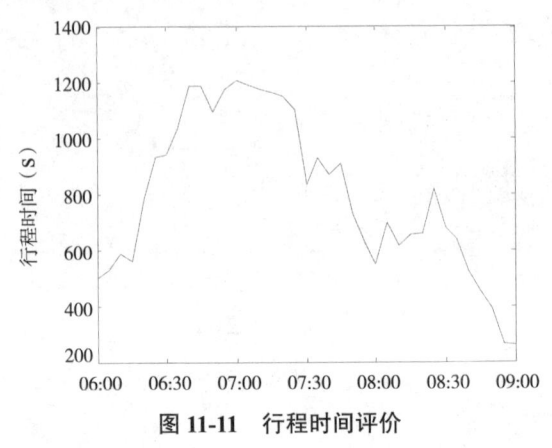

图 11-11　行程时间评价

11.4.3　司机时间成本的分布

此次调研，我们通过问卷调查法、访谈法、文献查阅等多种途径收集了大量的一手资料。在设计动态定价机制的过程中，最重要的一项工作就是了解司机的收入，通过对司机的收入进行测算，可以收集到司机通过互联网打车软件平台的收益数据，这对于我们设计动态定价机制考虑的影响因素有深刻意义。根据收入测算，研究出司机在当前打车软件定价机制下的收入分布状况，最后设计出模拟的动态定价机制，达到供需平衡、降低时间成本的目的。

11.4.3.1　北京市司机收入测算过程

据调查，在2013年北京市出租车调价之前，出租车司机月收入的平均值为3500元。2013年北京出租车调价后，出租车司机收入确实比以前明显增加，北京市出租车收入统计数据显示，出租车司机每天收入比以前多100～200元，有明显增加。那么，调价后每个月按每周工作6天计算，每个月可以多赚3600元。也就是说，总的来看，北京出租车司机的月平均工资应该在6000～8000元之间（见表11-4）。

第 11 章 拥堵期间出租车动态定价案例分析

表 11-4 司机月收入分布表

平均每月收入（除去油费）	比例（%）	频数
6000 元以下	57.14	229
6000 ~ 6499 元	21.43	86
6500 ~ 7499 元	7.14	29
7500 ~ 9499 元	4.29	17
9500 元以上	10.00	40

但是，出租车司机的工资收入包括每个月扣除油钱和份子钱的营业收入、公司发放的劳务收入，由于我们只关心营业收入，所以扣除2000元的劳务收入。而份子钱、油钱和修理费合计为5500元，见表11-5。

表 11-5 司机使用打车软件月收入分布表

使用打车软件平均每月收入(除去油费)	比例（%）	频数
9500 元以下	57.11	229
9500 ~ 9999 元	21.45	86
10000 ~ 10999 元	7.23	29
11000 ~ 12999 元	4.24	17
13000 元以上	10.00	40

注：由于四舍五入，加总和不为100%。

本次调研我们深入调查了司机的收入状况，发现使用打车软件的司机收入分布有一定的差异性。除去油费，出租车司机月收入在9500元以内的人数所占比例为57.11%，占到了总体司机收入人数的一半以上，说明大多数使用打车软件的司机收入不高于9500元。但是收入在9500~9999元之间的司机人数也占到了总人数的21.45%。总体来说，司机的收入集中在10000元左右。当然，收入超过10000元的司机人数也占到了21.47%，收入超过13000元的人数有10%之多。

11.4.3.2 北京市司机时间成本测算过程

中国社科院经济社会建设研究室主任钟君表示，有数据显示，北京市出租车的平均空载率达到40%。那么，有效的载客时间为8小时，一个月内的载客时间共192小时（11520分钟）。每分钟司机师傅的时间成本见表11-6所示。

· 165 ·

表 11-6 司机时间成本

时间成本（元/分）	比例（%）	频数
0.8 以下	57.11	229
0.8 ~ 0.9	21.45	86
0.9 ~ 1.0	7.23	29
1.0 ~ 1.1	4.24	17
1.1 以上	10.00	40

注：由于四舍五入，加总和不为 100%。

从表11-6，可知其均值为0.905元/分，司机时间成本频率分布见表11-7。

表 11-7 时间成本频率分布表

价格（元/分）	频率
0.70	0.5714
0.85	0.2143
0.95	0.0714
1.05	0.0429
1.20	0.1000

11.4.3.3 时间价值成本拟合函数

将以上数据输入Origin软件中进行E指数的函数拟合，见图11-12。

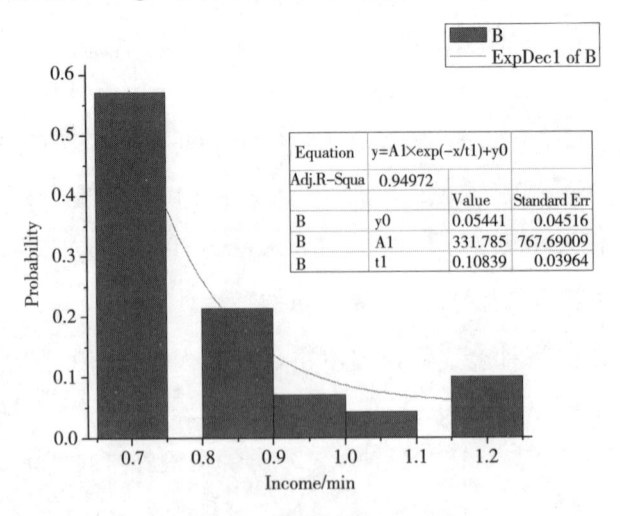

图 11-12 司机时间成本分布

11.4.4 消费者时间价值的分布

消费者意愿支付价格即在交易的过程中，消费者愿意为某商品或服务支付的价格。意愿支付价格与消费者的时间价值有着紧密的联系。经过调查研究，我们发现消费者愿意支付的价格与消费者时间价值相吻合，而时间价值又与消费者的收入分布相关。所以，我们通过研究消费者的收入分布得到时间价值分布，再由时间价值分布得到消费者愿意支付价格的分布。

从经济学的角度来看，人们在生产、消费的过程中消耗了时间，而时间作为一种不可再生的稀缺资源，本身具有一定价值。以机会成本的概念理解，可将节约的时间用于其他生产活动以创造更多的价值或增加收入，也可将其用于休闲娱乐等其他社会活动以满足自身需要或带来额外效用。因此，时间价值即指由于时间的推移而产生效益增值量和由于时间的非生产性消耗造成的效益损失量的货币表现。通常认为：个人所节约时间价值的大小，与他由于时间节约而愿意支付的费用相等同。由于消费者各项特质都不尽相同，所以他们的时间价值也不同。

经过调查研究，消费者的时间价值各有不同，其影响因素有如下几点：

（1）出行方式及服务水平。出行者选择出行方式不同，其出行时间、费用、舒适度与服务水平也有较大差异。小汽车方式出行时间短、舒适程度高，但出行费用高，通常时间价值较高的出行者选择这类出行方式；公共交通出行时间长、舒适度差，但出行费用少，通常时间价值较低的出行者选择这类出行方式。因此，出行者时间价值可以通过出行方式的选择来进行分析。

（2）出行者特征。主要包括出行者职业、收入、年龄等自身因素。受其影响，不同类型的出行者的出行决策通常表现出较大差异性。高收入者、管理层等往往选择出行费用高、速度快、舒适的出行方式，以节约更多的时间获取更大的效用；而低收入者、学生等通常选择速度较慢、费用较低的公共交通来减少出行成本，其时间价值较低。因此，不同类型出行者做出不同出行决策，其效用不同，时间价值亦不相同。

（3）出行特征。主要包括出行目的及出行距离。通常上班、上学等通勤出行对时间要求较高，同时费用相对较少；购物娱乐等出行对时间要求不高，时间价值较低。出行距离直接影响到出行方式的选择，不同时间价值的出行者的出行方式选择差异很明显，因此，出行距离对时间价值的分析也有间接影响。从分析中可以看出，不同出行者在相同条件下会对节约时间的价值产生不同的判断，而且同一出行者对于不同种类的出行所节约时间的价值，也并不相同。这说明不同类型的出行者具有不同的时间价值。我们将根据不同交通方式对城市居民出行行为进行分类，深入分析一些重要因素对其时间价值的影响，并给出在这些因素影响下的城市居民出行行为时间价值计算方法。

通过对消费者的调查、访谈以及对一些资料的深入了解，我们发现消费者的时间价值与其收入有一定的关系。当消费者选择不同的出行方式，也就意味着他们的时间价值有所不同。收入，是影响其选择出行方式的重要因素，而出行方式也会决定消费者的出行效用。

调研得到的消费者出行方式的比例如图11-13所示：

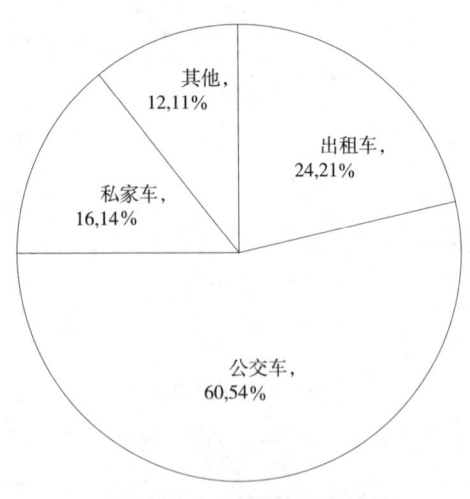

图 11-13 消费者出行方式比例

不同的出行方式对于消费者而言有不同的出行效用，而收入又是选择出行方式的重要决定因素。根据消费者不同的收入情况，选择合适的出行方式会带来最大的出行效用，就可以将时间价值最大化。下面我们将介绍一下收入不同的消费者选择小汽车（私家车、出租车）、公交车、自行车或步行的出行效用情况。小汽车（私家车、出租车）、公交车、自行车或者步行的出行效用—收入曲线如图11-14至图11-16所示：

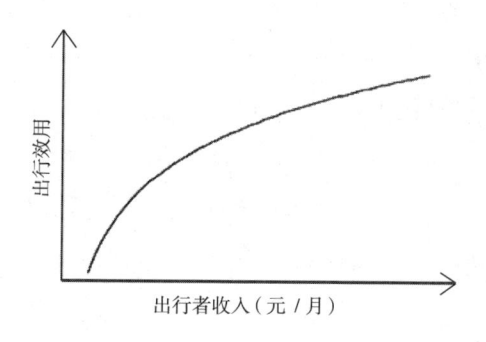

图 11-14 小汽车出行效用—收入曲线

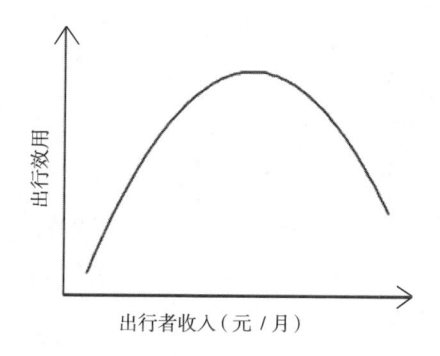

图 11-15 公交车出行效用—收入曲线

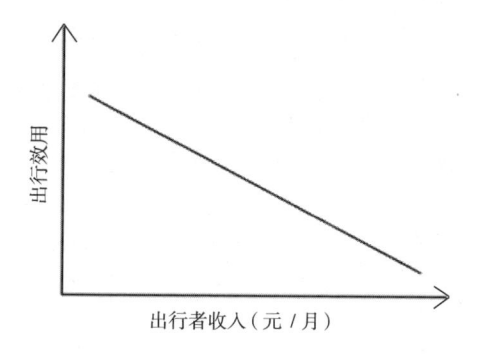

图 11-16 步行或自行车出行效用—收入曲线

当消费者选择以小汽车作为出行方式时，效用随着出行者收入的增加呈上升趋势，出行者收入增加越多，出行效用的增加越平缓。也就是说消费者的收入越高，选择出租车作为出行方式的效用越大，其时间价值有效性也就越高。如果一个收入很高的人选择了公交车或者自行车作为出行方式，那么他的出行效用将会大大降低，所以，时间价值越高的人越应该选择小汽车这一出行方式。当消费者选择以公交车作为出行方式时，效用随着出行者收入的增加呈先上升后下降的趋势，在一定的收入额度以内，出行者的出行效用随着收入的增加而增加，但是当出行者的收入超过某一数值，出行者的出行效用随着收入的增加而减少。当消费者选择以步行或自行车作为出行方式时，效用随着出行者收入的增加呈下降趋势，出行者收入增加越多，出行效用越低。也就是收入越低，选择步行或者自行车越划算。虽然出行时间长，但是出行效用高。这也反映出消费者的收入越低，其时间价值越低。

通过收入可反映消费者的时间价值，那么我们就可以用间接的方式，通过收入分布来反映时间价值分布。

数据显示，上半年，全市居民人均可支配收入24105元，同比增长8.4%，扣除价格因素，实际增长6.8%。按常住地分，城镇居民人均可支配收入26171元，增长8.3%。综上所述，可知城市居民半年收入2.6万元，月平均收入4333元，日平均工资216元，每分钟的工资收入216/480=0.45元，高峰时间出行的时间成本=1.33×分钟工资收入=1.33×0.45=0.5985，经过程序仿真，我们得到的时间价值分布如图11-17所示：

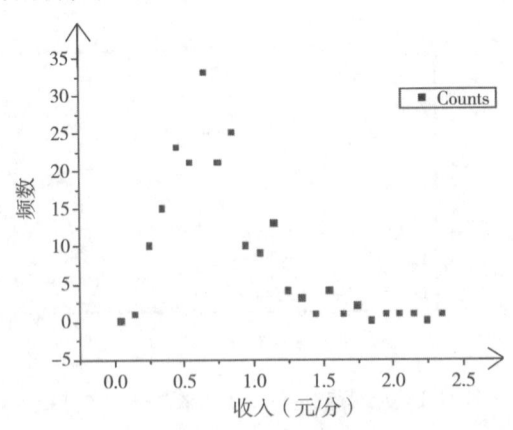

图11-17 时间价值分布

因此，设消费者每分钟的时间价值对数正态分布的均值为7.3元，标准差与居民收入分布的方差类似，其标准差取值（25.5/56.2）×（7.3）=3.31。即：

$$M=7.3, V=3.31$$
$$MU = \log[M^2 / \text{sqrt}(V+M^2)]=0.85$$
$$SIGMA = \text{sqrt}[\log(V/M^2 + 1)]=0.16$$

得到消费者的时间价值分布的表达式：

$$Lognormal（0.85，0.16）$$

消费者的时间价值与消费者愿意支付价格分布相似，所以消费者愿意支付价格曲线也是如此。

经由司机的单位时间成本分布和消费者的单位时间价值分布计算得到供给需求曲线，如图11-18所示：

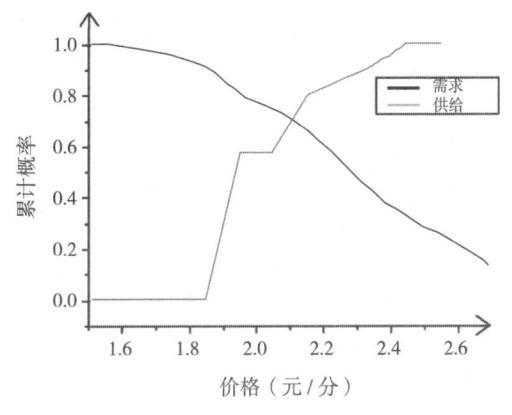

图 11-18 供需曲线

11.4.5 仿真模型介绍

11.4.5.1 仿真模型流程设计

在前文中，根据Vissim仿真我们已经得到了早高峰期间（6：00—9：00）阜石路在各种拥堵程度下的通行时间分布；根据一手资料调研和二手资料数据，推导出了单位时间内司机的成本分布函数和消费者的意愿价格分布函数。

初步设计每个单位时间内，系统会产生一定的出租车消费需求，同时也存在一定数量的出租车供给量。系统给定每个消费个体一个随机的单位时间的意愿价格，并且服从设定的意愿价格分布；同时给定每个出租车司机一个随机的单位时间成本，并服从设定的时间成本分布。单位意愿价格乘以通过整个路段的行程时间得到在每笔交易中消费者的意愿价格，同样的方法得到了每笔交易中司机的供给成本。

在不同的定价机制下，根据不同的拥堵程度形成不同的价格。每笔交易中，如果消费者的意愿价格高于价格，并且价格高于司机的供给成本，交易达成。不满足该条件，或某单位时间内供给的车辆过少，都会导致交易未达成。

交易达成的过程中，每笔需求订单会经由不同的指派方式搜寻到要进行交易的出租车司机。指派方式不同，搜寻花费的时间也不同。

在下面的章节中，我们会对仿真过程中涉及的关键参数的设置、三种定价机制和两种指派方式做出详细的说明。

11.4.5.2 关键参数的设置

模型中，两个关键的参数分别是单位时间出现的需求量和出租车的供给量。根据阜石路及其周边环境的人口、经济情况，我们给出了一些合理的测算。

（一）出租车供给参数

1. 石景山区出租汽车保有量

根据相关定义，出租车万人拥有量为人均设备普适指标，用来描述一定规模城市内出租车的人均占有量，用以评价该城市出租车供求匹配的状况。其计算公式为：

出租车万人拥有量=出租车数（辆）/人口规模（万人）

由公式可知，出租车数以及人口规模是研究城市出租车供求匹配的重要因素。

据此，我们综合出租车数和人口规模两个因素对石景山区出租车保有量进行研究。

2. 人口规模

北京市下辖16个区县。2015年6月，北京市常住人口2168.9万人。石景山区是北京市西部的一个行政区，是北京市六个城区之一。位于长安街西段，最东端距天安门14公里，面积84.38平方公里。据有关数据调查显示，2010年石景山区的常住人口数为61.6万，占北京市总常住人口数的2.8%，约为3%。

3. 出租车保有量

北京市全市共96家出租车公司，其中石景山区有3家出租车公司，约占全市的3%。

综合考虑石景山区在北京市的人口规模占比，以及石景山区的出租车公司在全市总规模的占比，石景山区的出租汽车保有量大约为北京市出租汽车保有量的3%。有关数据显示，北京市目前共有6.6万辆出租车，所以可以推算出石景山区的出租汽车保有量约为2000辆。

4. 早高峰期间阜石路地区巡航的出租车供给数量

八角街道办事处地处石景山区中心，因此选取八角街道办事处的出租车供给状况作为研究对象来研究整个石景山区出租车的供给状况具有代表性意义。

八角街道办事处的面积为5.26平方公里，常住人口5.9万人，假设在该地区巡游的出租车比例与常驻人口比例相当，那么早高峰期间在该地区巡航的出租车数量约为：

$$2000 \times (5.9/61.6) \approx 190 (辆)$$

根据有关数据，北京每辆出租车每天平均接单25次，以此为参考数据，假设早高峰时间出租车的接单占全天24小时的1/4，即接单6次，那么190辆出租车早高峰时间可以供给的接客次数为：

$$190 \times 6 = 1140 (次)$$

（二） 出租车需求参数

由相关报道："聚焦中心城区，日均出行总量达到2779万人次。其中有706万人次搭乘公共汽车出行，572万人次则选择坐地铁；909万人次是自驾族，达32.7%；336万人次骑自行车出行；181万人次坐出租车出行；还有

75万人次选择其他交通方式出行"，可知出租车出行量约占日均出行总量的6%。

根据数据调查显示：2014年六环内日均出行总量达到3099万人次。假设每人次出行总量以往、返出行计算，则日出行人次为：

$$3099/2=1550（人次）$$

占总人口的比例为：

$$1550/2169 \times 100\%=71\%$$

假设早高峰中出行的人次为全日出行人数的2/3，那么早高峰中出行人次占总人口的47%，整个八角街道办事处地区在早高峰时段有出行需求的人数为：

$$5.9万 \times 47\%=2.77万$$

其中，选择出租车出行的需求为：

$$2.77万 \times 6\%=1662（人次）$$

再假设其中有意愿进入市内（海淀）的人次为60%，那么在整个早高峰期间，有意愿乘坐出租车从阜石路通行的需求量约为1000人次。

由上可知，供需比例为1140：1000，从表面上看供需大体平衡，不存在供给或需求短缺的情况。但是人的出行是有规律的，早晚高峰的出行特性明显。所以假设出行的人数变动正比于车流量的变动规律，形成正比规律；而出租汽车的提供可能是随着车辆数的增加而减少的，呈现反比规律，但与交通流的反比关系不会那么明显，因此我们假设单位时间内的出租车供给是均匀的。假设每个时间窗口内出租汽车的提供是一个均值为1140/36≈30，区间（25,35]上的随机函数。

11.4.5.3 定价机制

三种定价机制分别是：

（1）起步价+公里数的定价机制。

（2）起步价+公里数+停时等待费用。

（3）根据区域订单总量整体加倍。

11.4.5.4 指派方式

两种指派方式分别是：司机主动抢单和系统默认分配两种。

11.4.6 仿真结果分析

11.4.6.1 不同收费方式产生的交易量比较

我们用Matlab仿真的方式模拟在早上6：00—9：00，以每五分钟为一个单位时间，随机产生一些消费者和司机。模拟双方在现实生活中，在固定匹配的条件下，分别以三种不同计费方式进行交易的过程，并统计出这三种计费方式每单位时间平均交易量，结果如图11-19，图11-20。

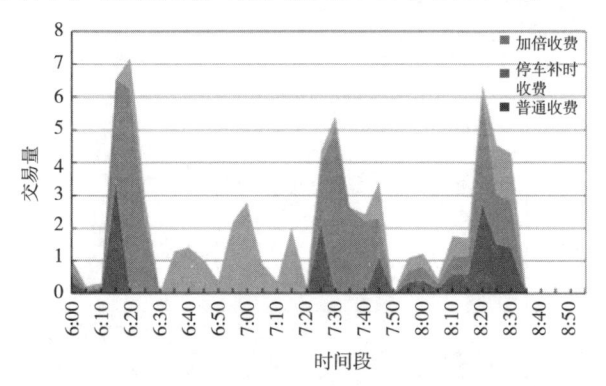

图 11-19　固定匹配方式不同收费方式产生的交易量

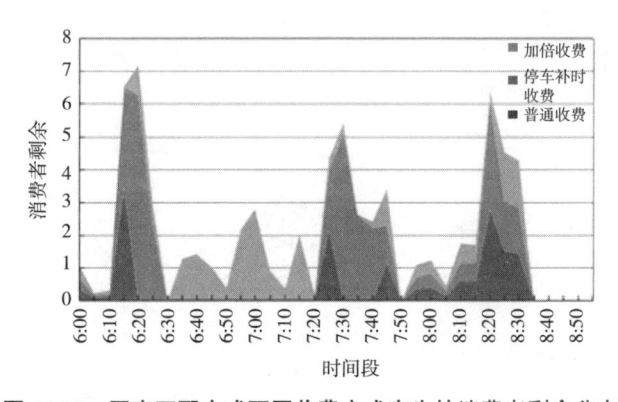

图 11-20　固定匹配方式不同收费方式产生的消费者剩余分布

可以看出，采用普通收费交易量最少，加倍收费交易量最多，并且加倍收费方式在高峰拥堵时段交易量明显多于普通收费方式，说明加倍收费这种计价方式在高峰拥堵时段更容易实现交易。停车补时交易量介于两者之间，并且在轻微拥堵时段交易量较大，说明停车补时在轻微拥堵时段可以有效满足交易需求。

我们把每个单位时间段中交易成功的订单的消费者意愿价格与三种不同计价方式下的费用分别进行比较，得到结果如图11-21至图11-23所示。

我们可以看出，三种定价方式均可产生可观的消费者剩余，采用加倍收费方式的消费者剩余最大，主要由于这种计价方式下，交易量增大。停车补时的消费者剩余在轻微拥堵时段较大，这是因为轻微拥堵时停车补时产生的交易量大。普通收费情况下，消费者剩余较少，这种计价方式不能满足拥堵时段人们的交易愿望。

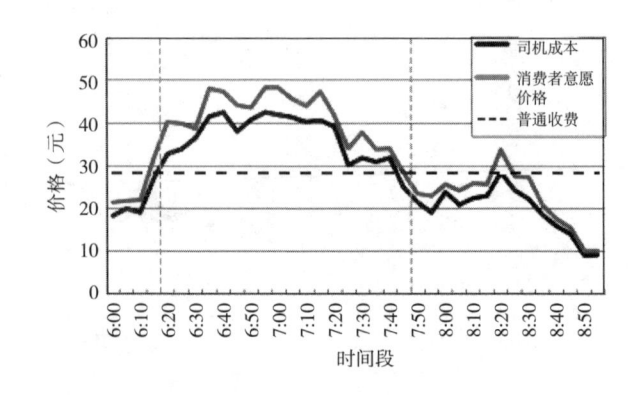

图 11-21　固定匹配方式普通收费出行价格表

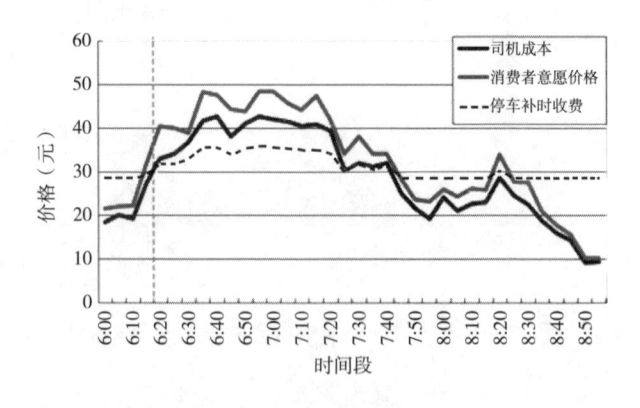

图 11-22　固定匹配方式停车补时费用价格表

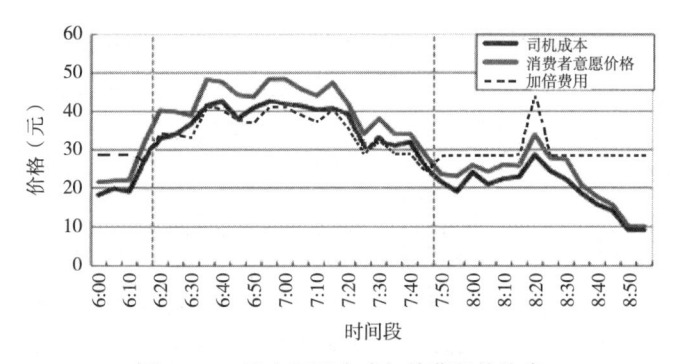

图 11-23　固定匹配方式加倍费用价格表

11.4.6.2　消费者意愿价格、司机成本与不同定价机制的价格比较

根据对消费者与司机进行调研,可得到供给需求曲线、司机成本差异性曲线、消费者时间价值差异性曲线,根据消费者的价值分布及司机的成本分布乘以该时段在拥堵情况下的意愿价格得到消费者意愿价格和司机成本价格,这也是图11-23中消费者剩余的数据来源。

将消费者意愿价格、司机成本价格与普通收费方式下的费用价格进行整理,我们可以看出,消费者意愿价格高于司机提供服务的成本,符合实际情况。我们根据不同时间段的时间成本曲线确定该时段的定价价格,在普通收费方式下,早高峰前交通顺畅,收费价格介于司机成本与消费者意愿价格之间,可以形成交易。早高峰过后,虽然这段时间内交通顺畅,但车辆通过路段速度快,时间成本不能决定费用价格,消费者认为收费较高,可转为公交出行,因此没有产生交易量,也是符合实际情况的。因此,普通收费方式无法解决交通拥堵时消费者的交易需求。

将消费者意愿价格、司机成本价格与停车补时方式下的费用价格进行整理,我们可以看出,在停车补时收费方式下,轻微拥堵时段可以形成交易。这是由于这种定价方式与拥堵时间有一定的正比关系,说明轻微拥堵时段停车补时可以体现出行需求变化,这种计价方式是一种有效的加价手段。在拥堵高峰时期没有产生交易是因为在该时段停车补时的定价偏低。

将消费者意愿价格、司机成本价格与加倍收费方式下的费用价格进行整理,我们可以看出,在加倍收费方式下,加倍收费价格介于消费者意愿价格与司机成本之间,尤其是在高峰拥堵时段中,可以很好地覆盖拥堵时段。这种定价机制与拥堵时间有着较强的正比关系,这种正比关系比停车补时与拥堵时间的比例关系更高,因此加倍收费在拥堵时段能够更加有效地满足交易需求。

11.4.6.3 不同指派方式的指派时间比较

以上交易过程在交易时采取随机配对的方式,然而在真实打车过程中,指派方式有两种,包括Uber指派方式和滴滴打车指派方式。

Uber指派方式是该系统将消费者的订单信息随机指派给最近的一个司机,如果该司机在8秒内选择拒绝,则给下一个司机,当连续8个司机选择拒绝后,该乘客的订单信息进入下一轮指派,后续指派形式同上。滴滴打车采用抢单的方式,抢单功能会将消费者的订单信息同时发送给周围的10个司机,给他们一段时间抢单。

我们运用Matlab仿真方式模拟交易时间,由于这两种指派方式与固定配对方式产生的交易量相似,故不再展示这两种指派方式下产生的交易量与消费者剩余结果,而着重关注从消费者发出订单到司机接单成功这个过程中所需的时间。

在停车补时这种定价方式下,轻微拥堵时费用价格能够满足消费者的意愿价格与司机成本,但由于每个司机提供服务的成本不同,Uber系统将订单逐一派给每个司机,会出现委派到第4或第5个司机时才有司机接单的情况,因此每个单位时间内的指派时间不一,平均指派时间结果见图11-24。

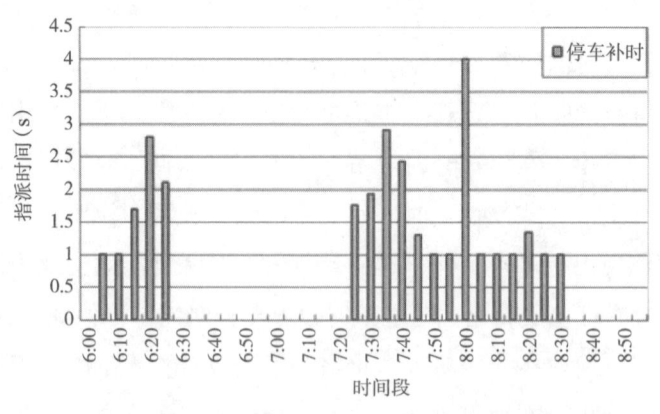

图 11-24 Uber 停车补时收费方式指派时间分布

第 11 章 拥堵期间出租车动态定价案例分析

加倍收费这种定价方式给出的费用价格在司机看来,能够满足他们提供服务的成本。当消费者发出订单后,系统委派给第一位司机,该司机就会接单,所以Uber的指派方式所需的指派时间大多平均在1秒,见图11-25。

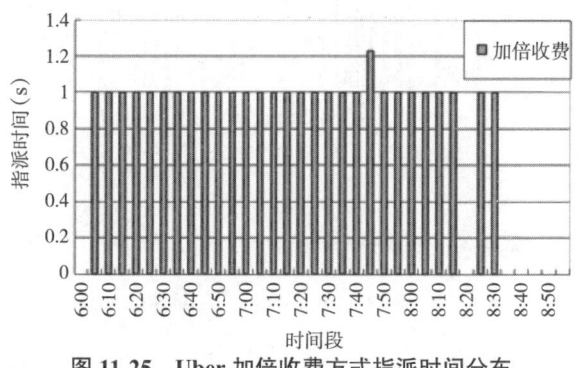

图 11-25 Uber加倍收费方式指派时间分布

在停车补时这种定价方式下,轻微拥堵时费用价格能够满足消费者的意愿价格与司机成本,虽然每个司机提供服务的成本不同,但由于滴滴打车采用抢单的方式,因此只要有司机认为这个订单费用能够满足自己的服务成本,就会开始抢单,因此大多数时间段的平均指派时间在1秒,见图11-26。在拥堵高峰时期,停车补时给出的定价费用偏低,有些司机在选择抢单前会考虑价格,拥堵高峰指派时间会高于轻微拥堵时的指派时间。

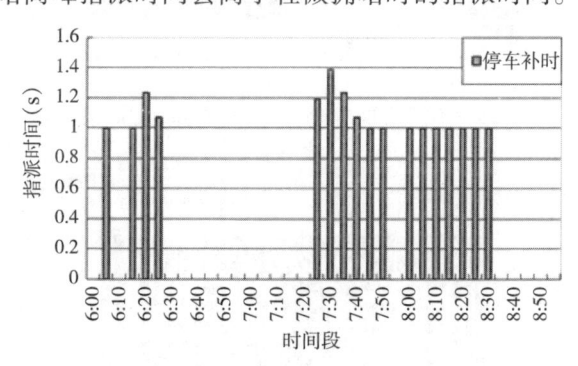

图 11-26 滴滴打车停车补时方式指派时间分布

在加倍收费这种计价方式下,每单位时间内滴滴打车的指派方式所需的指派时间也在1秒,与Uber相似(见图11-27)。加倍收费这种定价方式给出的费用价格在司机看来,能够满足他们提供服务的成本,只需消费者的意愿价格能够被满足，消费者下单后司机就会通过抢单系统开始抢单。

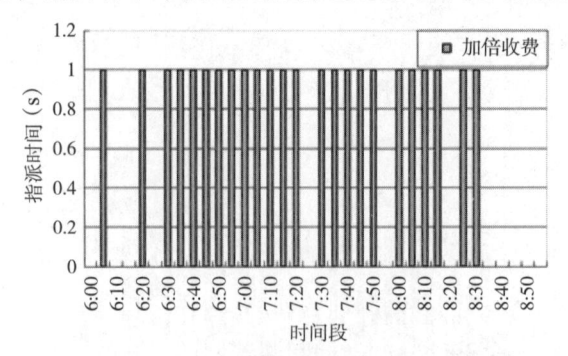

图 11-27　滴滴打车加倍收费方式指派时间分布

为体现不同指派方式的效率，我们将停车补时与加倍收费这两种定价方式下的Uber指派方式与滴滴打车指派方式的指派时间进行对比（见图11-28、图11-29）。

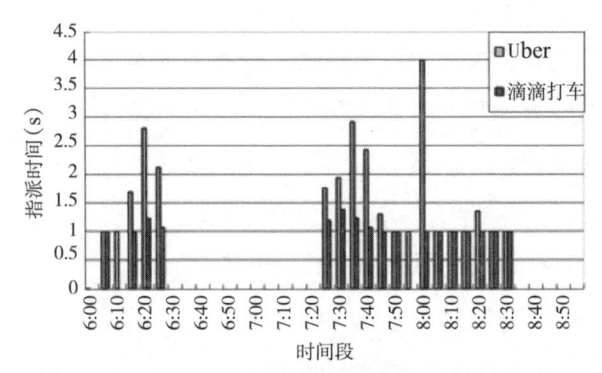

图 11-28　不同指派方式停车补时收费成交时间对比

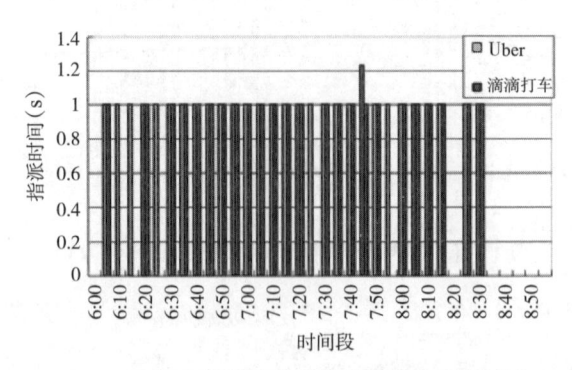

图 11-29　不同指派方式加倍收费成交时间对比

可以看出，在停车补时收费方式中Uber指派方式所需的指派时间要多于滴滴打车指派方式所需时间，这是因为停车补时这种计价方式能够在拥堵时满足交易需求，但给出的费用价格在司机看来不是很理想，不同司机提供服务的成本不同，有些司机接单时会有所考虑。滴滴打车采用抢单的指派方式，而Uber要逐个将订单信息传递到司机手中，因此Uber的指派时间多于滴滴打车的指派时间。

可以看出，在加倍收费方式中Uber指派方式所需的指派时间与滴滴打车指派方式所需时间相似，这是因为加倍收费这种计价方式能够在拥堵时满足交易需求，给出的费用价格从司机的角度来看，足够满足不同司机提供服务的成本，大多数司机都会接单，所以不存在抢单和逐一派单的时间差别，因此两种指派方式所需的指派时间相差无几。

11.4.7 最优方案选择

根据上述分析与研究，我们知道在高峰时段加倍定价方式产生的交易量最大，在轻微拥堵时段停车补时定价方式产生的交易量最大，非拥堵时段三种定价方式效果相似。因此对定价方式来说，我们可以根据不同的拥堵情况选择不同的定价机制：在高峰拥堵时段采用加倍定价方式、轻微拥堵时段采用停车补时定价方式、非拥堵时段三种定价方式均可。对指派方式来说，在各种定价机制下，滴滴打车的指派方式均优于Uber的指派方式(见表11-8)。

表 11-8 最优方案选择

时段	定价机制	指派方式
非拥堵时段	普通收费、停车补时、加倍收费	抢单
轻微拥堵时段	停车补时	抢单
严重拥堵时段	加倍收费	抢单

11.5 结论

11.5.1 优点与创新点

在调研阶段，本方案：

（1）利用大数据分析得到了早高峰时段不同拥堵程度下的车流量分布。

（2）利用访谈和问卷调研，得到了司机的差异性营业收入情况，消费者的打车出行消费行为偏好以及司机与消费者对于动态定价的认知情况等。

在策划阶段，本方案：

（1）建立Vissim交通仿真模型，实现了从车流量分布到行程时间分布的推算。

（2）通过实验数据分析和参数拟合，得到了司机的单位时间成本分布和消费者的单位时间价值分布。

（3）利用阜石路路段不同拥堵程度下供需情况仿真，比较了不同动态定价机制的交易效果，提出了基于拥堵程度的最优动态定价方案设计。合理运用价格杠杆，既保证了消费者剩余价值存在，又能有效地提升拥堵时段的出租车交易量，提高交通运输效率。

11.5.2 局限性

为了研究的简便，只选取了阜石路这一线路进行定价方案及订单指派方案的比较分析。

由于Vissim软件的局限性，本研究无法模拟出出租车因道路状况的变化做出的停车以及行驶的行为变化，以及对应的精确的停车时间。

由于多个体仿真的局限性，一些参数的设置虽然在赋值时增加了随机误差项，但仍与真实情况存在一定的差距。

11.5.3 进一步研究方向

后续将进一步采集更多路段的信息以及不同的动态定价策略，寻求最优动态定价方案，以解决不同行程范围内的出租车交易效率问题。

参考文献

[1] 马庆国. 中国管理科学研究面临的几个关键问题[J].管理世界，2002(8):105-115.

[2] 王军强.无缘诺贝尔奖的George Dantzig——线性规划之父[EB/OL]. (2012-11-02).http://blog.sciencenet.cn/blog-36947-628719.html.

[3] 中国运筹学会. 运筹学分支及特点[EB/OL]. http：//www.orsc.org.cn/.

[4] 输电网络优化规划研究综述[EB/OL].http://www.uuubuy.com/.

[5] 传统运筹学的适用性及发展[EB/OL]. http://wenhuabianyuan.spaces.live. com/blog/.

[6] 章祥荪, 方伟武. 中国运筹学会的简史和今日的发展[EB/OL]. http:// www.math.hkbu.edu.hk/.

[7] 钱颂迪，等.运筹学[M].北京：清华大学出版社,2004.

[8] 桂湘云, 章祥荪. 关于OR发展前途的讨论及其对OR应用工作的启示[J]. 运筹学杂志,1987,6（1）：73-80.

[9] 黄桐城.运筹学基础教程[M].上海：上海人民出版社，2006.

[10] 樊飞，刘启华.运筹学发展的历史回顾[J].南京工业大学学报：社会科学版，2003（2）.

[11] 徐佳汉.浅谈运筹学发展及其现实意义[J].科技资讯，2008（9）.

[12] 堵丁柱.计算复杂性运筹学发展的影响[J].运筹学杂志，1989（8）.

[13] 王端阳.学点运筹学[J].奋斗，2008（11）.

[14] 茅海燕.生活中的运筹学[J].科学咨询，2008（23）.

[15] 林友,黄德镛,刘名龙,丁军明.运筹学及其在国内外发展的概述[J]. 南京工业大学学报：社会科学版，2005（3）.